PONS

Last Minute Türkisch

auf der Basis von
PONS Reisewörterbuch Türkisch
bearbeitet von
İnci und Yüksel Pazarkaya

Ernst Klett Verlag für Wissen und Bildung
Stuttgart · Dresden

PONS Last Minute
auf der Basis von
PONS Reisewörterbuch Türkisch
bearbeitet von
İnci und Dr. Yüksel Pazarkaya

Die Deutsche Bibliothek – CIP-Einheitsaufnahme
Pons last minute. – Stuttgart; Dresden:
Klett-Verlag für Wissen und Bildung
NE: Last minute
Türkisch / bearb. von İnci und Yüksel Pazarkaya. – 1. Aufl. – 1994
ISBN 3-12-518259-X

Gedruckt auf Papier,
das aus chlorfrei gebleichtem Zellstoff hergestellt wurde

1. Auflage 1994

Redaktion: Barbara Pflüger
Umschlaggestaltung: BSS, Sachse und Partner GmbH,
Bietigheim-Bissingen; Erwin Poell, Heidelberg
Fotosatz: Fotosatz Kaufmann, Stuttgart
Druck / Printed by: Mateu Cromo, Madrid
Printed in Spain.

ISBN 3-12-518259-X

Inhalt

Vorwort

Wenn man nur mehr Zeit hätte! Doch plötzlich steht der Urlaub vor der Tür. Oder man entscheidet sich spontan für eine Auslandsreise. Trotz aller guten Vorsätze bleibt keine Zeit mehr, sich auf die Fremdsprache vorzubereiten. Und dabei weiß man aus Erfahrung, daß es ständig Situationen gibt, in denen es sehr hilfreich wäre, sich in der Landessprache verständigen zu können: auf der Bank, der Post, beim Arzt, im Restaurant, ...
PONS Last Minute Türkisch hat aus der Zeitnot eine Tugend gemacht: Es beinhaltet für alle wichtigen Alltagssituationen beispielhaft die gebräuchlichsten Sätze. Diese sind dialogisch angeordnet, so daß Sie nicht nur wissen, wie Sie sich verständlich machen, sondern dann auch die entsprechende Antwort verstehen können. Zu jedem der zehn Themenbereiche finden Sie alphabetische Wortlisten mit den wichtigsten Begriffen.
Mit Hilfe dieser Wortlisten sowie des zusätzlichen Wörterbuchteils am Ende des Buches können Sie die aufgeführten Beispielsätze den konkreten Situationen individuell anpassen.

PONS Last Minute Türkisch steht Ihnen auf Ihrer Auslandsreise als verläßlicher und hilfreicher Verständigungsführer zur Seite.

Stuttgart 1994
Redaktion Wörterbücher

Aussprache

Das Türkische wird in der Regel so ausgesprochen, wie es geschrieben wird.

Besonderheiten

- Die Betonung liegt bei zwei- und mehrsilbigen Wörtern auf der zweiten Silbe. Ansonsten gilt gleichschwebende Betonung.
- Doppelkonsonanten, Doppelvokale bzw. Vokalverbindungen werden deutlich vernehmbar getrennt gesprochen.
- Mit Ausnahme des Dehnungs-g (ğ) wird jeder Vokal und jeder Konsonant deutlich vernehmbar ausgesprochen.

a	[a]	wie in **a**lle	akşam	[ak'ʃam]
e	[ɛ]	wie in B**ä**cker, h**e**ll	ekmek ben	[ɛk'mɛk] [bɛn]
ı	[ə]	wie in bitt**e**n, dank**e**n	ırmak ışık ılık	[ər'mak] [ə'ʃək] [ə'lık]
i	[ı]	wie in M**i**nute	ipek	[ı'pɛk]
o	[ɔ]	wie in **o**ffen	okul	[ɔ'kʊl]
ö	[œ]	wie in R**ö**cke	özel	[œ'zɛl]
u	[ʊ]	wie in B**u**tter	uzun	[ʊ'zʊn]
ü	[y]	wie in T**ü**r, **Y**psilon	üzüm	[y'zym]
y	[j]	wie in **j**eder	yok yemek	[jɔk] [jɛ'mɛk]

c	[dʒ]	etwa wie in Ing**e**nieur, wie das engl. j in **J**ohn	cam cep	[dʒam] [dʒɛp]
ç	[tʃ]	wie in **Tsch**eche, deu**tsch**	çan çok	[tʃan] [tʃɔk]
h	[x]	wie in a**ch,** no**ch**	hamam Ahmet	[xa'mam] [ax'mɛt]
ğ	:	Dehnungs-g, wird nicht ausgesprochen. Entspricht dem deutschen Dehnungs-h, d. h. der Vokal davor wird lang gesprochen.	yağmur sağ	[ja:'mʊr] [sa:]
j	[ʒ]	wie in Gara**g**e, Lo**g**e, wie das franz. j in **j**ournal	jilet Ajda	[ʒɪ'lɛt] [aʒ'da]
l	[l]	bei dunklen Vokalen wie das engl. l in ha**ll**	kutlu sekerli	[kʊt'lʊ] [ʃɛ'kɛrlı]
r	[r]	Zungen-r	şeker rahat	[ʃɛ'kɛr] [ra'xat]
s	[s]	wie in rei**ß**en, la**ss**en	su siz	[sʊ] [sız]
ş	[ʃ]	wie in **sch**ön, Ti**sch**	şeker şaka	[ʃɛ'kɛr] [ʃa'ka]
v	[v]	wie in **W**asser, **V**ioline	var vermek	[vár] [vɛr'mɛk]
z	[z]	wie in le**s**en, rei**s**en	zeytin deniz	[zɛj'tın] [dɛ'nız]

Das türkische Alphabet

A	a	I	ı	R	r
B	b	İ	i	S	s
C	c	J	j	Ş	ş
Ç	ç	K	k	T	t
D	d	L	l	U	u
E	e	M	m	Ü	ü
F	f	N	n	V	v
G	g	O	o	Y	y
Ğ	ğ	Ö	ö	Z	z
H	h	P	p		

Abkürzungen

adj	Adjektiv, Eigenschaftswort	sıfat
adv	Adverb, Umstandswort	zarf
b.	ein/e	bir
b. ş.	etwas	bir şey
b. y.	irgendwo	bir yer
conj	Konjunktion, Bindewort	bağlaç
el	Elektrizität	elektrik
etw	etwas	biraz
f	Femininum, weiblich	dişil
jdm	jemandem	bir kimseye
jdn	jemanden	bir kimseyi
m	Maskulinum, männlich	eril
med	Medizin	tıp
n	Neutrum, sächlich	cinssiz, nötr
pers prn	Personalpronomen	şahıs zamiri
pl	Plural, Mehrzahl	çoğul
poss prn	Possessivpronomen	iyelik zamiri
prn	Pronomen, Fürwort	zamir
prp	Präposition, Verhältniswort	önek edatı
rel	kirchlich, geistlich	dinsel
s.	sich	kendi
sing	Singular, Einzahl	tekil
tele	Telefon, Telegraf	telefon, telgraf
v. b.	und so weiter	ve başkaları
verb	Verb, Tätigkeitswort	fiil

1 Auf einen Blick

Oft gesagt und oft gehört

Sık Söylenip Sık Duyulan

Ja.	Evet.
Nein.	Hayır.
Bitte.	Lütfen.
Danke.	Teşekkür ederim./Sağ olun.
Wie bitte?	Efendim?/Nasıl?
Selbstverständlich.	Elbette.
Einverstanden!	Kabul!
Okay!	Peki!
In Ordnung!	Tamam!
Verzeihung!	Afedersiniz!
Einen Augenblick, bitte.	Bir dakika, lütfen.
Genug!	Yeter!
Hilfe!	İmdat!
Wer?	Kim?
Was?	Ne?
Welcher/Welche/ Welches?	Hangisi?
Wem?	Kime?
Wen?	Kimi?
Wo?	Nerede?
Wo ist/Wo sind ...?	... nerede?
Woher?	Nereden?
Wohin?	Nereye?
Warum?/Weshalb?	Niçin?/Neden?

Wofür?/Wozu?	Niçin?/Neye?
Wie?	Nasıl?
Wieviel?	Ne kadar?
Wie viele?	Kaç tane?
Wie lange?	Ne kadar zaman?/Ne süre?
Wann?	Ne zaman?
Ich möchte...	... istiyorum.
Gibt es ...?	... var mı?

Zahlen/Maße/Gewichte

Sayılar/Ölçüler/Ağırlık Ölçüleri

0	sıfır
1	bir
2	iki
3	üç
4	dört
5	beş
6	altı
7	yedi
8	sekiz
9	dokuz
10	on
11	on bir
12	on iki
13	on üç

14	on dört
15	on beş
16	on altı
17	on yedi
18	on sekiz
19	on dokuz
20	yirmi
21	yirmi bir
22	yirmi iki
23	yirmi üç
24	yirmi dört
25	yirmi beş
26	yirmi altı
27	yirmi yedi
28	yirmi sekiz
29	yirmi dokuz
30	otuz
31	otuz bir
32	otuz iki
40	kırk
50	elli
60	altmış
70	yetmiş
80	seksen
90	doksan
100	yüz

101	yüz bir
200	iki yüz
300	üç yüz
1000	bin
2000	iki bin
3000	üç bin
10000	on bin
100000	yüz bin
1000000	bir milyon
1.	birinci
2.	ikinci
3.	üçüncü
4.	dördüncü
3.	üçüncü
4.	dördüncü
5.	beşinci
6.	altıncı
7.	yedinci
8.	sekizinci
9.	dokuzuncu
10.	onuncu
1/2	yarım
1/3	üçte bir
1/4	dörtte bir/bir çeyrek
3/4	dörtte üç
3,5 %	yüzde üç buçuk, % 3,5

27 °C	yirmi yedi derece
–5 °C	eksi beş derece
1992	bin dokuz yüz doksan iki
Millimeter	milimetre
Zentimeter	santimetre
Meter	metre
Kilometer	kilometre
Meile	mil
Seemeile	deniz mili
Quadratmeter	metre kare
Quadratkilometer	kilometre kare
Ar	ar
Hektar	hektar
Liter	litre
Gramm	gram
Pfund	yarım kilo
Kilogramm	kilo
Dutzend	düzine

Zeitangaben

Zaman belirtme

Uhrzeit — Saatler

Wieviel Uhr ist es?	Saat kaç?
Können Sie mir bitte sagen, wie spät es ist?	Afedersiniz, saat kaç?

Es ist (genau/ungefähr) ...	Saat (tam/aşağı yukarı) ...
3 Uhr.	üç.
5 nach 3.	üçü beş geçiyor.
3 Uhr 10.	üçü on geçiyor.
Viertel nach 3.	üçü çeyrek geçiyor.
halb 4.	üç buçuk.
Viertel vor 4.	dörde çeyrek var.
5 vor 4.	dörde beş var.
1 Uhr.	saat bir.
12 Uhr 30.	saat yarım.
12 Uhr mittag.	öğlen on iki.
Mitternacht.	gece on iki (gece yarısı).
Geht diese Uhr richtig?	Bu saat doğru mu?/doğru gidiyor mu?
Sie geht vor/nach.	İleri gidiyor./Geri kalıyor.
Es ist spät/zu früh.	Geç oldu./Çok erken.
Um wieviel Uhr?/Wann?	Saat kaçta?/Ne zaman?
Um 1 Uhr.	Saat birde.
Um 2 Uhr.	Saat ikide.
Gegen 4 Uhr.	Saat dörde doğru.
In einer Stunde.	Bir saat sonra/içinde.
In zwei Stunden.	İki saat sonra/içinde.
Nicht vor 9 Uhr morgens.	Sabah dokuzdan önce değil.
Nach 8 Uhr abends.	Akşam sekizden sonra.
Zwischen 3 und 4.	Üçle dört arası.
Wie lange?	Ne kadar zaman?/Ne süre?
Zwei Stunden (lang).	İki saat (süreyle).
Von 10 bis 11.	Ondan on bire kadar.
Bis 5 Uhr.	Saat beşe kadar.

Seit wann?	Ne zamandan beri?
Seit 8 Uhr morgens.	Sabah sekizden beri.
Seit einer halben Stunde.	Yarım saatten beri.
Seit acht Tagen.	Sekiz günden beri.

Sonstige Zeitangaben — Diğer Zaman Kavramları

abends	akşamleyin, akşamları
alle halbe Stunde	her yarım saatte bir
alle zwei Tage	her iki günde bir
am Sonntag/ am Wochenende	pazar günü/ hafta sonunda
bald	birazdan, yakında
diese Woche	bu hafta
gegen Mittag	öğleye doğru
gestern	dün
heute	bugün
heute morgen/abend	bu sabah/akşam
in 14 Tagen	on dört gün sonra
innerhalb einer Woche	bir hafta içinde
jeden Tag	her gün
jetzt	şimdi
kürzlich	az önce, geçende
letzten Montag	geçen pazartesi
manchmal	bazen
mittags	öğleyin
morgen	yarın

morgen früh/abend	yarın erken/akşam
morgens	sabahları, sabahleyin
nachmittags	öğleden sonraları
nächstes Jahr	gelecek yıl
nachts	geceleri, geceleyin
stündlich	saatte bir
täglich	günlük
tagsüber	gündüzleri, gündüzleyin
übermorgen	öbür gün
um diese Zeit	bu saatlerde
von Zeit zu Zeit	ara sıra, zaman zaman
vor zehn Minuten	on dakika önce
vorgestern	önceki gün
vormittags	öğleden önceleri

Wochentage — Haftanın Günleri

Montag	pazartesi
Dienstag	salı
Mittwoch	çarşamba
Donnerstag	perşembe
Freitag	cuma
Samstag	cumartesi
Sonntag	pazar

Monate — Aylar

Januar	ocak

Februar	şubat
März	mart
April	nisan
Mai	mayıs
Juni	haziran
Juli	temmuz
August	ağustos
September	eylül
Oktober	ekim
November	kasım
Dezember	aralık

Jahreszeiten	Mevsimler
Frühling	ilkbahar
Sommer	yaz
Herbst	sonbahar
Winter	kış

Feiertage	Tatil Günleri
Neujahr	yılbaşı
Ostern	Paskalya
Tag des Parlaments und des Kindes (23. April)	(23 nisan) Ulusal Egemenlik ve Çocuk Bayramı
1. Mai	1 Mayıs
Tag der Jugend und des Sports (19. Mai)	(19 mayıs) Gençlik ve Spor Bayramı

Pfingsten	Pantkot yortusu
Tag des Befreiungssieges (30. August)	(30 ağustos) Zafer Bayramı
Tag der Republik (29. Oktober)	(29 ekim) Cumhuriyet Bayramı
Heiliger Abend	Noel gecesi
Weihnachten	Noel bayramı, milâdı isa yortusu
1. Weihnachtsfeiertag	birinci noel günü
2. Weihnachtsfeiertag	ikinci noel günü
Silvesterabend	yılbaşı gecesi
Ramadanfest	Ramazan Bayramı
Opferfest	Kurban Bayramı

Der Ramadan ist der Fastenmonat und 9. Monat des islamischen Mondjahres. Das Ramadanfest findet zu Ende des Ramadan statt. Das Opferfest folgt ca. zwei Monate nach dem Ramadanfest. Vermögende Muslime sollen ein Opfertier schlachten und davon ein Drittel an die Armen verteilen, ein Drittel an die Nachbarn und Verwandten und ein Drittel für die eigene Familie behalten. Das Opferfest ist zugleich die Zeit der Pilgerreise nach Mekka. Es ist ein Gebot für jeden vermögenden Muslim, einmal im Leben zur Zeit des Opferfestes nach Mekka zu pilgern.

Datum	**Tarih**
Den Wievielten haben wir heute?	Bugün ayın kaçı?
Heute ist der 1. Mai.	Bugün 1 mayıs.

Wetter

Hava

Wie wird das Wetter heute?	Hava bugün nasıl olacak?
Wir bekommen schönes/schlechtes/ unbeständiges Wetter.	Hava güzel/kötü/ değişken olacek.
Es bleibt schön/schlecht.	Hava güzel/kötü kalacak.
Es wird wärmer/kälter.	Hava daha ısınacak/soğuyacak.
Es soll regnen/schneien.	Yağmur/kar yağacak.
Es ist kalt/heiß/schwül.	Hava soğuk/pek sıcak/bunaltıcı.
Es zieht ein Gewitter auf.	Fırtına geliyor.
Wir bekommen Sturm.	Bora çıkacak.
Es ist neblig/windig.	Hava sisli/rüzgarlı.
Die Sonne scheint.	Güneş var./Güneş açıyor.
Der Himmel ist wolkenlos/bedeckt.	Gökyüzü bulutsuz/kapalı.
Wieviel Grad haben wir heute?	Bugün hava kaç derece?
Es ist 20 Grad Celsius.	Isı 20 derece.
Wie ist der Straßenzustand im Taurus?	Toroslarda yolların durumu nasıl?
Die Straßen sind glatt.	Yollar buz tutmuş.
Die Sicht beträgt nur 20 m/weniger als 50 m.	Görüş uzaklığı 20 m/50 metreden az.
Schneeketten sind erforderlich.	Kar zincirleri gerekli (tekerlekler için).

Wortliste Wetter

bewölkt	bulutlu
Blitz	yıldırım, şimşek
Bora	bora
Dämmerung	alaca karanlık
(am Morgen)	sabahleyin
(am Abend)	akşamleyin
Donner	gök gürültüsü
Ebbe	suların çekilmesi, cezir
Eis	buz
Flaute	durgunluk
Flut	suların kabarması, med
Frost	don
Glatteis	buz tutmuş
Hagel	dolu
heiß	sıcak
heiter	açık
Hitze	şiddetli sıcak
~welle	sıcak dalgası
Hoch	yüksek basınç
kalt	soğuk
Klima	iklim
Luft	hava
naß	ıslak
Nebel	sis
Regen	yağmur
Schnee	kar
~sturm	kar fırtınası
schwül	nemli sıcak
Sonne	güneş
Sonnen|aufgang	güneş doğuşu
~untergang	gün batması, gurub

sonnig	güneşli
Tauwetter	ılık hava
Temperatur	ısı
Tief	alçak basınç
Trockenheit	kuraklık
Überschwemmung	su baskını/sel
warm	sıcak
wechselhaft	değişken
Wetterbericht	hava raporu
Windstärke	rüzgâr hızı
Wolke	bulut

Wortliste Farben

beige	krem, bej
blau	mavi
braun	kahverengi
farbig	renkli
ein~	düz renkli, üni, tek renk
mehr~	rengârenk, çok renkli
gelb	sarı
golden	altın sarısı
grau	gri, boz
grün	yeşil
lila	eflatun
orange	turuncu
rosa	pembe
rot	kırmızı
schwarz	siyah
silbern	gümüş rengi
türkisfarben	cam göbeği
violett	vişne çürüğü
weiß	beyaz

2 Kontakte

2

Begrüßung/Vorstellung/Bekanntschaft

Selâmlama/Tanışma/Tanıştırma

Guten Morgen!	Günaydın!
Guten Tag!	İyi günler!/Merhaba!
Guten Abend!	İyi akşamlar!
Hallo!/Grüß dich!	Merhaba!/Selâm!
Wie ist Ihr Name, bitte?	İsminiz nedir?/Adınız nedir?
Wie heißt du?	Adın ne?
Mein Name ist .../ Ich heiße ...	İsmim .../Adım ...
Darf ich bekannt machen? Das ist ...	Tanıştırabilir miyim? Bu ...
Frau X.	X hanım.
Fräulein X.	X hanım.
Herr X.	X bey.
mein Mann.	eşim, kocam.
meine Frau.	eşim, karım.
mein Sohn.	oğlum.
meine Tochter.	kızım.
mein Bruder.	erkek kardeşim.
meine Schwester.	kız kardeşim.
mein(e) Freund(in)	(kız) arkadaşım.
mein Kollege/meine Kollegin.	iş arkadaşım.

Bei der Anrede mit „Herr/Frau/Fräulein" wird im allgemeinen der Vorname benutzt. Benutzt man den Familiennamen, heißt es „bay X/ bayan X".

Wie geht es Ihnen/dir?	Nasılsınız?/Nasılsın?

Wie geht's?	Nasılsın?/Ne var ne yok?
Danke. Und Ihnen/dir?	Teşekkür ederim. Siz nasılsınız?/Sen nasılsın?
Woher kommen Sie/ kommst du?	Nereden geliyorsunuz/ geliyorsun?
Ich bin aus ...	... 'dan/den geliyorum./Ben ... 'liyim.
Sind Sie/Bist du schon lange hier?	Uzun zamandan beri mi buradasınız/buradasın?
Ich bin seit ... hier.	Ben ... 'dan/den beri buradayım.
Wie lange bleiben Sie/ bleibst du?	Ne kadar kalacaksınız/kalacaksın?
Sind Sie/Bist du zum ersten Mal hier?	İlk defa mı buradasınız/buradasın?
Sind Sie/Bist du allein?	Yalnız mısınız?/Yalnız mısın?
Nein, ich bin mit meiner Familie hier/ mit Freunden unterwegs.	Hayır ailemle/ arkadaşlarımla yoldayım.
Sind Sie/Bist du auch im Hotel Astoria/auf dem Campingplatz?	Siz/Sen de mi Otel Astoria'da/ kampta kalıyorsunuz/kalıyorsun?

Alleine unterwegs/Verabredung

Yalnız Yolculuk/Randevu

Warten Sie/Wartest du auf jemanden?	Birisini mi bekliyorsunuz/ bekliyorsun?
Haben Sie/Hast du für morgen schon etwas vor?	Yarın için bir programınız/ programın var mı?

2

Wollen wir zusammen hingehen?	(Oraya) beraber gidelim mi?
Wollen wir heute abend miteinander ausgehen?	Bu akşam birlikte çıkalım mı?
Darf ich Sie/dich zum Essen einladen?	Sizi/Seni yemeğe davet edebilir miyim?
Wann treffen wir uns?	Ne zaman buluşalım?
Darf ich Sie/dich abholen?	Sizi/Seni alabilir miyim?
Wann soll ich kommen?	Ne zaman geleyim?
Treffen wir uns um 9 Uhr ...	Saat dokuzda ... buluşalım mı.
vor dem Kino.	sinemanın önünde
auf dem ... Platz.	... meydanında
im Café.	kahvede
Sind Sie verheiratet?	Evli misiniz?
Hast du einen Freund/eine Freundin?	Erkek/Kiz arkadaşın var mı?
Darf ich Sie/dich nach Hause bringen?	Sizi/Seni eve götürebilir miyim?
Ich bringe Sie/dich noch zum/zur ...	Sizi/Seni ... 'a/e götüreyim.
Kann ich Sie/dich wiedersehen?	Sizi/Seni tekrar görebilir miyim?
Ich hoffe, Sie/dich bald wiederzusehen.	Yakında tekrar görüşmek umuduyla.
Vielen Dank für den netten Abend.	Bu güzel akşam için teşekkür ederim.

Lassen Sie mich bitte in Ruhe!	Lütfen beni rahat bırakın!
Hau ab!	Def ol!
Jetzt reicht's!	Artık yeter!

Besuch

Ziyaret

Entschuldigen Sie, wohnt hier Herr/ Frau/Fräulein X?	Özür dilerim, X bey/ hanım burada mı oturuyor?
Nein, er/sie ist umgezogen.	Hayır, taşındı.
Wissen Sie, wo er/sie jetzt wohnt?	Şimdi nerede oturduğunu biliyor musunuz?
Kann ich mit Herrn/ Frau/Fräulein X sprechen?	X beyle/X hanımla konuşabilir miyim?
Wann ist er/sie zu Hause?	Ne zaman evde olur?
Kann ich eine Nachricht hinterlassen?	Kendisine bir haber bırakabilir miyim?
Ich komme später noch einmal vorbei.	Sonra tekrar uğrarım.
Kommen Sie/Komm herein.	İçeriye buyurun/buyur.
Nehmen Sie/Nimm bitte Platz.	Buyurun oturun lütfen./ Buyur otur lütfen.

2

Ich soll Sie/dich von Paul grüßen.	Size/Sana Paul'un selamını getirdim.
Was darf ich Ihnen/dir zu trinken anbieten?	İçeçek ne ikram edebilirim?
Auf Ihr/dein Wohl!	Sağlığınıza/Sağlığına!
Können Sie/Kannst du nicht zum Mittagessen/Abendessen bleiben?	Öğlen yemeğine/Akşam yemeğine kalamaz mısınız/kalamaz mısın?
Vielen Dank. Ich bleibe gern, wenn ich nicht störe.	Teşekkür ederim. Rahatsız etmezsem, memnuniyetle kalırım.
Es tut mir leid, aber ich muß jetzt gehen.	Ne yazık ki gitmem lazım.

Abschied

Veda/Ayrılma

Auf Wiedersehen!	Allaha ısmarladık!
Bis bald!	Yakında görüşmek üzere!
Bis später!	Görüşmek üzere!
Bis morgen!	Yarın görüşmek üzere!
Gute Nacht!	İyi geceler!
Tschüß!	Eyvallah!/Hoşça kal!
Alles Gute!	Hoşça kal!/Hoşça kalın!
Viel Vergnügen!	İyi eğlenceler!
Gute Reise!	İyi yolculuklar!
Ich lasse von mir hören.	Size haber vereceğim.

Grüßen Sie/Grüß ... von mir.	... 'a/e benden selam söyleyin.

Bitte und Dank

Rica ve Minnet/Teşekkür

Ja, bitte.	Evet, lütfen.
Nein, danke.	Hayır, teşekkür ederim.
Darf ich Sie um einen Gefallen bitten?	Sizden bir şey rica edebilir miyim?
Gestatten Sie?	Müsade eder misiniz?/İzninizle?
Können Sie mir bitte helfen?	Lütfen bana yardım eder misiniz?
Danke.	Teşekkür ederim./Sağ olun.
Vielen Dank.	Teşekkür ederim.
Danke, sehr gern.	Teşekkür ederim, memnuniyetle.
Danke, gleichfalls!	Sağol, sen de!/Teşekkür ederim, siz de!
Das ist nett, danke.	Çok nazik, teşekkür ederim.
Vielen Dank für Ihre Hilfe/Mühe.	Yardımınıza/Zahmetinize çok teşekkür ederim.
Bitte sehr.	Bir şey değil.
Gern geschehen.	Rica ederim.

Entschuldigung/Bedauern

Özür dileme/Üzgünlük

Entschuldigung!	Afedersiniz!/Özür dilerim.

2

Ich muß mich entschuldigen.	Af/Özür dilemem lâzım.
Das tut mir leid.	Buna üzgünüm.
Es war nicht so gemeint.	Öyle demek istemedim.
Schade!	Yazık!
Es ist leider nicht möglich.	Ne yazık ki olanaksız./ Malesef mümkün değil.
Vielleicht ein andermal.	Belki başka bir zaman.

Glückwunsch

Tebrik/Kutlama

Herzlichen Glückwunsch!	Kalpten tebrikler!/ Candan kutlarım.
Alles Gute!	Hoşça kal!/Hoşça kalın!
Alles Gute zum Geburtstag!	Doğum günün/gününüz kutlu olsun!/ Nice nice yıllara!
Viel Erfolg!	Üstün başarılar!/Başarılar dilerim!
Viel Glück!	Bol şans!
Hals- und Beinbruch!	Rasgele!/Kolay gele!
Gute Besserung!	Geçmiş olsun!
Schöne Feiertage!	İyi tatiller!

Verständigungsschwierigkeiten

Anlaşma güçlükleri

Wie bitte?	Efendim?/Nasıl?
Ich verstehe Sie/dich nicht. Bitte, wiederholen Sie/wiederhole es.	Sizi/Seni anlayamıyorum. Lütfen tekrarlar mısınız/mısın?
Bitte sprechen Sie/sprich etwas langsamer/lauter.	Lütfen daha yavaş/yüksek sesle konuşunuz/konuş.
Ich verstehe/habe verstanden.	Anlıyorum/anladım.
Sprechen Sie/Sprichst du ...	... konuşuyor musunuz/musun?
Deutsch?	Almanca
Englisch?	İngilizce
Französisch?	Fransızca
Ich spreche nur wenig ...	Biraz ... konuşuyorum.
Was heißt ... auf türkisch?	... Türkçe nasıl söylenir?/ ... Türkçede ne demek?
Was bedeutet das?	Bu ne demek?
Wie spricht man dieses Wort aus?	Bu kelime nasıl telâffuz edilir/söylenir?
Schreiben Sie/Schreibe es mir bitte auf!	Lütfen onu bana yazınız/yaz!
Buchstabieren Sie/ Buchstabiere es bitte!	Heceleyin lütfen!/ Lütfen harflerini söyle!

2

Meinungsäußerung

Düşünce Açıklama

Das gefällt mir (nicht).	Bu hoşuma gidiyor (gitmiyor).
Ich möchte lieber …	… tercih ederim.
Am liebsten wäre mir …	Benim için en iyisi …
Das wäre nett.	Bu iyi olur.
Mit Vergnügen.	Severek.
Prima!	Çok güzel!/Mükemmel!
Ich habe keine Lust dazu.	Bunu canım istemiyor.
Das kommt nicht in Frage.	Bu mümkün değil.
Auf gar keinen Fall.	Katiyen.
Ich weiß noch nicht.	Henüz bilmiyorum.
Vielleicht.	Belki
Wahrscheinlich.	Olası.

Angaben zur Person

Kişiyle İlgili Bilgiler

Alter — Yaş

Wie alt sind Sie/bist du?	Kaç yaşındasınız/yaşındasın?
Ich bin 39.	Ben otuz dokuz yaşındayım.
Wann haben Sie/ hast du Geburtstag?	Doğum gününüz/ günün ne zaman?

Ich bin am 12. April 1954 geboren.	Ben on iki nisan bin dokuz yüz elli dörtte doğdum.

Beruf/Studium/Ausbildung — Meslek/Öğrenim/Eğitim

Was machen Sie/ machst du beruflich?	Mesleğiniz nedir?/ Mesleğin ne?
Ich bin Arbeiter/in.	Ben işçiyim.
Ich bin Angestellte/r.	Ben memurum.
Ich bin Beamter/ Beamtin.	Ben (devlet) memuruyum.
Ich bin Freiberufler.	Ben serbest çalışıyorum./ Ben serbest meslek sahibiyim.
Ich bin Rentner/in.	Ben emekliyim.
Ich bin arbeitslos.	Ben işsizim.
Ich arbeite bei ...	... de çalışıyorum.
Ich gehe noch zur Schule.	Ben daha öğrenciyim.
Ich gehe ins Gymnasium.	Liseye gidiyorum.
Ich bin Student/in.	Ben üniversite öğrencisiyim./ Ben yüksek okula gidiyorum.
Wo/Was studieren Sie/ studierst du?	Nerede/Ne okuyorsunuz/ okuyorsun?
Ich studiere ... in München.	Münih'te ... okuyorum.
Was für Hobbies haben Sie/hast du?	Hobileriniz/Hobilerin ne?

2 Wortliste Berufe/Studium/Ausbildung

Berufsbezeichnungen gelten ohne Unterschied für beide Geschlechter. Wenn die Geschlechtsbezeichnung wichtig ist, wird das Wort kadın *– die Frau – vorangestellt.*

Altenpfleger/in	huzur evi hemşiresi
Angestellte/r	memur, işgören
Anglistik	İngiliz dili ve edebiyatı
Apotheker/in	eczacı
Arbeiter/in	işçi
Archäologie	arkeoloji
Architekt/in	mimar
Architektur	mimari
Arzt/Ärztin	doktor
Arzthelferin	doktor yardımcısı
Auszubildende/r	meslek öğrencisi
Automechaniker	araba tamircisi
Bäcker/in	ekmekçi, fırıncı
Beamter/Beamtin	memur
Berufsschule	meslek okulu
Betriebswirt/in	işletmeci
Betriebswirtschaft	işletme idaresi
Bibliothekar/in	kütüphaneci
Biologe/in	biyolog
Biologie	biyoloji
Briefträger/in	postacı
Buchhalter/in	muhasebeci
Buchhändler/in	kitapçı
Chemie	kimya
Chemiker/in	kimyacı
Dachdecker/in	çatı kaplamacısı

Dekorateur/in	dekoratör
Designer/in	dizayncı
Dolmetscher/in	tercüman
Drogist/in	eczacı, ıtriyatçı
EDV-Fachmann/frau	bilgisayar uzmanı
Eisenbahner	demiryolcu
Elektriker/in	elektirikçi
Erzieher/in	kreş bakıcısı
Facharbeiter/in	kalifiye işçi
Fahrlehrer/in	şoförlük öğretmeni
Fischer/in	balıkçı
Florist/in	çiçekçi
Förster/in	ormancı
Fotograf/in	fotoğrafcı
Friseur, Friseuse	berber
Gärtner/in	bahçıvan
Gastwirt/in	lokantacı, otelci
Geographie	coğrafya
Geologie	jeoloji
Germanistik	Alman filolojisi
Geschäftsführer/in	yönetmen
Geschichte	tarih
Glaser	camcı
Handelsschule	ticaret okulu
Handwerker/in	küçük esnaf, zanaatkâr
Haus|frau	ev kadını
~meister/in	kapıcı
Hebamme	ebe
Heilpraktiker/in	icazetsiz pratik hekim
Hochschule	yüksek okul
Informatik	enformatik
Ingenieur/in	mühendis
Installateur/in	tesisatçı

2

Institut	enstitü
Journalist/in	gazeteci
Jura	hukuk
Juwelier	kuyumcu
Kassierer/in	veznedar, kasiyer
Kaufmann/frau	perakendeci, esnaf
Kellner	garson
Koch/Köchin	aşçı
Konditor/in	pastacı
Kraftfahr|er	kamyon şoförü
~zeugmechaniker/in	motörlü vasıta tamircisi
Kranken|gymnast/in	hasta/sağlık jimnastikçisi
~pfleger	hasta bakıcı
~schwester	hemşire
Künstler/in	sanatçı
Kunst|akademie	güzel sanatlar akademisi
~geschichte	sanat tarihi
Laborant/in	laborant
Landwirt/in	çiftçi, ziraatçı, rençber
Lehrer/in	öğretmen
Lehrling	çırak
Leiter/in	yönetici
Makler/in	komisyoncu
Maler/in	ressam
Mannequin	manken
Maschinenbau	makinecilik, makine yapımı
Masseur/in	masör
Mathematik	matematik
Matrose	tayfa, deniz eri
Maurer	duvarcı
Mechaniker/in	mekanikçi
Medizin	tıp
Meteorologe/in	meteorolog

Metzger/in	kasap
Monteur	montör
Musik	müzik
Musiker/in	müzisyen, müzikçi
Notar/in	noter
Optiker/in	gözlükçü
Pfarrer/in	papaz
Pförtner/in	bekçi, kapıcı
Pharmazie	farmakoloji
Philosophie	felsefe, filozofi
Physik	fizik
Physiker/in	fizikçi
Pilot/in	pilot
Politikwissenschaft	siyasal bilimci
Polizist/in	polis
Postbeamter/beamtin	postahane memuru
Professor/in	profesör
Psychologe/in	psikolog
Psychologie	ruhbilim, psikoloji
Rechtsanwalt/anwältin	avukat
Redakteur/in	redaktör, gazeteci
Reiseleiter/in	turist rehberi
Rentner/in	emekli
Restaurator/in	restoratör
Richter/in	hakim, yargıç
Romanistik	Latin Dilleri Filolojisi
Sachbearbeiter/in	daire şubesi şefi
Schauspieler/in	oyuncu, artist
Schlosser/in	çilingir
Schneider/in	terzi
Schreiner/in	marangoz
Schriftsteller/in	yazar
Schuhmacher/in	ayakkabı tamircisi, ayakkabıcı

2

Schule	okul
Gesamtschule	tümel okul
Grundschule	ilkokul
Gymnasium	lise
Hauptschule	ilkeğitim okulu
Realschule	ortaokul
Schüler/in	öğrenci
Sekretär/in	sekreter
Sozialarbeiter/in	sosyal danışman
Steuerberater/in	vergi danışmanı
Steward/ess	kamarot, hostes
Student/in	yüksek okul öğrencisi, talebe
Studienfach	öğrenim dalı
Studium	yüksek öğrenim
Taxifahrer/in	şoför
Techniker/in	teknisyen
Technische(r) Zeichner/in	teknik ressam
Therapeut/in	tedavi mütehassısı
Tierarzt/ärztin	baytar, veteriner
Übersetzer/in	tercüman, çevirmen
Uhrmacher/in	saatci
Umweltbeauftragte/r	çevre koruma görevlisi
Universität	Üniversite
Verkäufer/in	satıcı
Vertreter/in	temsilci
Vorlesungen	dersler
Werkzeugmacher/in	alet ve edevat yapıcı
Wirtschafts|prüfer/in	maliye müfettişi
~wissenschaftler/in	iktisatçı, ekonomist
Zahnarzt/ärztin	diş doktoru
Zahntechniker/in	teknisyen dişçi
Zimmermann	doğramacı

3 Unterwegs

Ortsangaben

Yer Tarifleri

links	sol
rechts	sağ
geradeaus	doğru
vor	ön
hinter	arka
neben	yanında
gegenüber	karşısında
hier	burada
dort	orada
nah	yakın
weit	uzak
nach	... 'a/e
Straße	sokak, cadde
Kreuzung	dört yol ağzı
Kurve	dönemeç/viraj

Auto/Motorrad/Fahrrad

Araba/Motor/Bisiklet

Auskunft

Danışma/Enformasyon

Entschuldigung, wie komme ich bitte nach ...?	Afedersiniz, ...'e/a nasıl gideceğim?

Können Sie mir die Strecke/das auf der Karte zeigen?	Lütfen, yolu/bunu bana haritada gösterir misiniz?
Wie weit ist das?	Ne kadar uzaklıkta?
Bitte, ist das die Straße nach ...?	Afedersiniz, ...'e/a giden yol bu mu?
Wie komme ich zur Autobahn nach ...?	...'e/a giden otoyola nasıl çıkacağım?
Immer geradeaus bis ...	... 'e/'a kadar hep doğru.
Dann ...	Sonra ...
bei der Ampel	lambadan
an der nächsten Ecke	ilk köşeden
links/rechts abbiegen.	sola/sağa dönülecek.
Folgen Sie den Schildern ...	... levhalarını takip edin.
Gibt es auch eine wenig befahrene Straße nach ...?	... 'e/'a trafiği daha az, başka bir yol var mı?
Sie sind hier falsch. Sie müssen zurückfahren bis ...	Burada yanlış bulunuyorsunuz ...'e/a kadar geri dönmeniz lâzım.

An der Tankstelle — Benzincide

Wo ist bitte die nächste Tankstelle?	En yakın benzinci nerede acaba?
Ich möchte ... Liter	... litre istiyorum
Normalbenzin.	normal benzin.
Super.	süper.
Diesel.	motorin/mazot.
Gemisch.	karışık.

... bleifrei/verbleit/ mit ... Oktan	kurşunsuz/kurşunlu/ ... oktanlı ...
Super bitte, für 50 000 Lira.	50 000 (elli bin) Liralık süper, lütfen.
3 Volltanken, bitte.	Doldurun/Ful, lütfen.
Prüfen Sie bitte ... den Ölstand. den Reifendruck.	Lütfen ... kontrol eder misiniz? yağını lastiklerin havasını
Sehen Sie bitte auch das Kühlwasser nach.	Lütfen, radyatör suyuna da bakınız.
Könnten Sie mir einen Ölwechsel machen?	Yağını değiştirir misiniz?
Ich möchte den Wagen waschen lassen.	Arabayı yıkatmak istiyorum.
Ich möchte eine Straßen- karte dieser Gegend, bitte.	Bu yörenin bir yol haritasını istiyorum, lütfen.
Wo sind bitte die Toiletten?	Tuvalet nerede?

Parken — Park etme

Gibt es hier in der Nähe eine Parkmöglichkeit?	Yakında bir park yeri var mı?
Kann ich den Wagen hier abstellen?	Arabayı buraya bırakabilir miyim?
Ist der Parkplatz bewacht?	Park yeri bekçili mi?
Wir sind leider voll besetzt.	Malesef tamamen doluyuz.

Wie lange kann ich hier parken?	Ne zamana kadar burada park edebilirim?
Wie hoch ist die Parkgebühr pro …	Park ücreti … ne kadar?
Stunde?	saatte
Tag?	günlük
Nacht?	gecelik
Ist das Parkhaus die ganze Nacht geöffnet?	Parkevi/Garaj bütün gece açık mı?

Eine Panne / Bir Arıza

Ich habe eine Panne/ einen Platten.	Bir arıza/patlak lastik var.
Würden Sie bitte den Pannendienst anrufen?	Lütfen, arıza/tamir servisini çağırır mısınız?
Meine Auto-/Motorrad-nummer ist …	Arabamın/Motorumun plaka numarası …
Würden Sie mir bitte einen Mechaniker/ einen Abschleppwagen schicken?	Lütfen, bana bir tamirci/ bir çekme arabası gönderir misiniz?
Könnten Sie mir mit Benzin aushelfen?	Bana biraz benzin verebilir misiniz?
Könnten Sie mir beim Reifenwechsel helfen?	Tekerlek değiştirmek için bana yardım eder misiniz?
Würden Sie mich bis zur nächsten Werkstatt/ Tankstelle abschleppen/ mitnehmen?	İlk tamirhaneye/benzinciye kadar arabamı çeker misiniz/beni götürür müsünüz?

In der Werkstatt	Tamirhanede
Wo ist hier in der Nähe eine Werkstatt?	Yakında nerede bir tamirhane var?
Mein Wagen springt nicht an.	Motor hareket etmiyor./ Arabam çalışmıyor.
Ich weiß nicht, woran es liegt.	Nedenini bilmiyorum.
Können Sie mit mir kommen/mich abschleppen?	Benimle gelir misiniz/ arabamı çeker misiniz?
Mit dem Motor stimmt was nicht.	Motorda bir bozukluk var.
Die Bremsen funktionieren nicht.	Frenler tutmuyor.
... ist/sind defekt.	... bozuk.
Der Wagen verliert Öl.	Motor yağ kaçırıyor./ Motordan yağ damlıyor.
Können Sie mal nachsehen?	Bir kontrol eder misiniz?/ Bir bakar mısınız?
Wechseln Sie bitte die Zündkerzen aus.	Bujileri değiştirin lütfen.
Haben Sie (Original-) Ersatzteile für diesen Wagen?	Bu arabaya (original) yedek parçanız var mı?
Machen Sie bitte nur die nötigsten Reparaturen.	Yalnız en gerekli tamirleri yapınız lütfen.
Wann ist der Wagen/ das Motorrad fertig?	Araba/Motor ne zamana biter?
Was wird es kosten?	Masrafı ne tutar?

Verkehrsunfall	Araba Kazası
Es ist ein Unfall passiert.	Bir kaza oldu.
Rufen Sie bitte schnell …	Acele bir … çağırın, lütfen.
einen Krankenwagen.	imdat arabası/ambülans
die Polizei.	polisi
die Feuerwehr.	itfaiyeyi
Können Sie sich um die Verletzten kümmern?	Yaralılarla ilgilenebilir misiniz?
Haben Sie Verbandszeug?	Sargı malzemeniz var mı?
Es war meine/Ihre Schuld.	Benim suçumdu./Sizin suçunuzdu. Ben hatalıydım./Siz hatalıydınız.
Sie haben …	Siz …
die Vorfahrt nicht beachtet.	öncelikli gidişe dikkat etmediniz.
die Kurve geschnitten.	virajı kestiniz.
die Fahrspur gewechselt, ohne zu blinken.	işaret vermeden şerit değiştirdiniz.
Sie sind …	Siz …
zu schnell gefahren.	aşırı hızla gitiniz.
zu dicht aufgefahren.	arkama iyice yanaştınız.
bei Rot über die Kreuzung.	kırmızıda kavşağı geçtiniz.
Ich bin … km/h gefahren.	Ben … km ile gidiyordum.

Die Höchstgeschwindigkeit beträgt auf Landstraßen 90 km/h und innerorts 50 km/h.

Sollen wir die Polizei holen, oder können wir uns so einigen?	Polisi mi çağıralım, yoksa aramızda mı anlaşalım?

Ich möchte den Schaden durch meine Versicherung regeln lassen.	Hasarı sigortam aracılığıyla düzelttirmek istiyorum.
Ich gebe Ihnen meine Anschrift und Versicherungsnummer.	Adresimi ve sigorta numaramı size veriyorum.
Geben Sie mir bitte Ihren Namen und Ihre Anschrift/Namen und Anschrift Ihrer Versicherung.	Lütfen bana isim ve adresinizi/sigortanızın adını ve numarasını verin.
Können Sie für mich Zeuge sein?	Benim için tanıklık yapar mısınız?
Vielen Dank für Ihre Hilfe.	Yardımınıza çok teşekkür ederim.

Auto-, Motorrad-, Fahrradvermietung — Araba-, Motor-, Bisiklet-Kiralama

Ich möchte für zwei Tage/eine Woche ... mieten.	İki günlüğüne/Bir haftalığına ... kiralamak istiyorum.
einen (Gelände-) Wagen	bir araba (jip)
ein Motorrad	bir motosiklet
einen Motorroller	bir mopelet
ein Moped	bir moped
ein Mofa	bir vespa
ein Fahrrad	bir bisiklet
Wie hoch ist die Tages-/Wochenpauschale?	Günlüğü/Haftalığı kaça?
Wieviel verlangen Sie pro gefahrenen km?	Kilometre başına ne kadar istiyorsunuz?

Wieviel muß ich als Kaution hinterlegen?	Ne kadar depozito yatırmam gerekiyor?
Ich nehme den ... *(PKW-Marke)*/das ... *(Zweirad-Marke).*	... markalı arabayı/ bisikleti alıyorum.
Möchten Sie eine Zusatzversicherung?	Bir ek sigorta istiyor musunuz?
Ist das Fahrzeug vollkaskoversichert?	Araba tam sigortalı mı?
Darf ich Ihren Führerschein sehen?	Ehliyetinizi görebilir miyim?
Kann ich den Wagen gleich mitnehmen?	Arabayı hemen alabilir miyim?
Ist es möglich, das Fahrzeug in ... abzugeben?	Arabayı ... 'de/'da geri vermemiz mümkün mü?

Wortliste Auto/Motorrad/Fahrrad

abbiegen	sapmak, dönmek
abblenden	farları kısmak
Abblendlicht	kısa far
Abschleppdienst	araba çekim servisi
abschleppen	çekmek
Abschlepp|seil	araba çekme halatı
~wagen	çekme arabası
Achse	dingil, eksen
Hinter~	arka eksen
Vorder~	ön eksen
Alarmanlage	alarm sistemi
Allradantrieb	takviyeli defransiyel
Ampel	asma lamba

Anhänger	römork
Anlasser	marş
auskuppeln	vitesi boşa almak
Auspuff	egzos
Autobahn	otoyol
~gebühren	otoyol ücreti
Automatik(getriebe)	otomatik (vites)
Autoreifen	araba lastiği
Baustelle	şantiye
Benzin	benzin
~gutschein	benzin kuponu
~kanister	benzin bidonu
~pumpe	benzin pompası
blenden	gözleri kamaştırmak/almak
Blinker	sinyal lambası
Bremsbelag	fren tabanı
Bremse	fren
bremsen	fren yapmak
Brems|flüssigkeit	fren sıvısı
~hebel	fren kolu
~lichter	fren lâmbaları
Bußgeld	para cezası
Defekt	arıza, bozukluk
Dichtung	conta
Düse	meme
Einspritzpumpe	benzin püskürtme pompası
Ersatz|rad	yedek lastik
~teile	yedek parçalar
Fahrrad	bisiklet
Drei-/Zehngangrad	üç/on vitesli bisiklet
Rennrad	yarış bisikleti
Fahrradweg	bisiklet yolu
Fahrspur	şerit, yol

Fehlzündung	ters ateşleme
Felge	jant
Fernlicht	uzak farı
Flickzeug	yama malzemesi
Frostschutzmittel	antifriz
Führerschein	ehliyet
Fußbremse	ayak freni
Gang	vites
erster ~	birinci vites
Leerlauf	boş vites
Rückwärts~	geri vites
Gangschaltung	vitesi geçirmek
Gas geben	gaz vermek
Gaspedal	gaz pedalı
Gebläse	havalandırma, vantilatör
gebrochen	kırık, kırılmış
Gepäckträger	bagaj
Getriebe	şanjman
Handbremse	el freni
Hebel	kaldıraç
Heizung	soba, kalorifer, ısıtma
Hinterrad	arka tekerlek
~antrieb	arka dingil kumandası
Hupe	korna
Licht~	ışık sinyali
Kabel	kablo
Karosserie	karoseri, kaporta
Keilriemen	kayış, kolan
Kette	zincir
Klingel	zil
klopfen *(Motor)*	vurma (motor)
Kofferraum	arka bagaj
Kolben	piston

3

Kotflügel	çamurluk
Kugellager	yatak, bilyeli rulman
Kühler	radyatör
Kühlwasser	radyatör suyu
Kupplung	şanzıman, kuplaj
Kupplungshebel	irtibat kolu
Kurzschluß	kontak, kısa devre
Landstraße	şose
Lastwagen	kamyon
Lenker *(Zweirad)*	şoför, arabacı
Lenkrad	direksiyon
Lichtmaschine	elektrik tenvir tertibatı
Luft|filter	hava filitresi
~pumpe	hava pompası
Mantel *(Reifen)*	dış lastik
Mofa	mofa, vespa
Moped	moped
Motor	motor
~haube	kapot, motor kılıfı
~rad	motosiklet
~roller	mopelet
Mountain bike	dağ bisikleti
Nabe	tekerlek yuvası, dingil başlığı
Nierengurt	bel kemeri
Notrufsäule	imdat telefonu
Nummernschild	plâka
Oktanzahl	oktan sayısı
Öl	yağ
~meßstab	yağ ölçeği, yağ kontrol çubuğu
~wechsel	yağ değiştirme
Packtasche	çanta
Panne	arıza
Pannendienst	arıza hizmet

Papiere	kağıtlar, belgeler
Park|haus	park evi, garaj
~platz	park yeri
Pedal	pedal
Plattfuß	patlak lastik
Promille	binde, bin üzerinden
PS	beygir gücü
Rad	tekerlek
Radarkontrolle	radar kontrolü
Radkreuz	tekerlek anahtarı
Raststätte	dinlenme tesisi
Reflektor	reflektör
Regenkombi	motor sürücüsü için yağmur takımı
Reifen	lastik tekerlek
Rück|licht	arka ışık
~spiegel	dikiz aynası
~tritt *(Fahrrad)*	geri pedal
Sattel	sele
Schalthebel	vites kolu
Scheibenwischer	silgeç
Scheinwerfer	far
Schiebedach	sürgülü (açılan) tavan
Schlauch *(Reifen)*	lâstik sandal
schmieren	yağlamak
Schmirgelpapier	zımpara kağıdı
Schnellstraße	oto yol, hızlı yol
Schraube	vida
Schrauben|mutter	vida somunu
~schlüssel	vida anahtarı
~zieher	tornavida
Schutzblech	çamurluk
Sicherheitsgurt	emniyet kemeri
Sicherung	emniyet

3

Speiche *(Fahrrad)*	reyon
Ständer	ayaklık
Standlicht	park ışığı
Starthilfekabel	yardım kablosu
Stau	yığılma, birikme
Steckschlüssel	gömülü vida anahtarı
Stoß|dämpfer	tampon, amortisör
~stange	amortisör, tampon
Straßen|benutzungs-gebühr	yol ücreti
~karte	otoyol haritası
Sturzhelm	miğfer
Tachometer	takometre, hız ölçen saat
Tank	depo
~stelle	benzin istasyonu
Teilkasko	kısmi sigorta
trampen	otostop yapmak
Tramper	otostopçu
Tretlager	pedal
Umleitung	mecburi istikamet
Ventil	ventil, vana, sübap
Vergaser	karbüratör
Versicherungskarte, grüne	sigorta kartı, yeşil
Verteiler	distribütör
vierspurig	dört şeritli
Vollkasko	tam sigorta, kasko sigorta
Vorder|licht	ön ışık, far
~rad	ön tekerlek
~radantrieb	ön tekerlek kumandası
Wagen|heber	kriko
~wäsche	araba yıkama
Warn|blinker	çift sinyal

~dreieck	dikkat üçgeni
Wegweiser	yol işareti
Werk|statt	atelye, iş yeri
~zeug	alet, gereç
Windschutzscheibe	parbriz, öncam
Winterreifen	kış lastikleri
Zünd|kerze	buji
~schloß	kontak kilidi
~schlüssel	kontak anahtarı
Zündung	kontak
Zylinder	silindir
~kopf	silindir başı

Flugzeug

Uçak

Im Reisebüro/ Am Flughafen — Seyahat Acentasında/ Hava Alanında

Wo ist der Schalter der ...-Fluggesellschaft?	... uçak şirketinin gişesi nerede?
Wann fliegt die nächste Maschine nach ...?	... 'a/e ilk uçak ne zaman?
Ich möchte einen einfachen Flug/Hin- und Rückflug nach ... buchen.	... 'a/e yalnız gidiş/gidiş dönüş bir uçak bileti istiyorum.
Sind noch Plätze frei?	Daha boş yer var mı?
Gibt es auch Charterflüge?	Çarter uçuşları da var mı?

Was kostet der Flug Touristenklasse/1. Klasse?	Turist tarifesi/1. (birinci) sınıf kaça?
Was kostet das Kilo Übergepäck?	Fazla bagajın kilosu kaça?
Ich möchte diesen Flug stornieren/umbuchen.	Bu bileti iptal ettirmek/ değiştirmek istiyorum.
Wann muß ich am Flughafen sein?	Ne zaman hava alanında olmam lazım?
Wo ist der Informationsschalter/Warteraum?	Danışma gişesi/Bekleme salonu nerede?
Kann ich das als Handgepäck mitnehmen?	Bunu el bagajı olarak alabilir miyim?
Hat die Maschine nach ... Verspätung?	... 'e/a giden uçağın gecikmesi var mı?
Wieviel Verspätung hat sie?	Ne kadar rötarı var?
Ist die Maschine aus ... schon gelandet?	... 'den/dan gelen uçak indi mi?
Letzter Aufruf. Die Passagiere nach ..., Flug-Nr. ..., werden gebeten, sich zum Ausgang ... zu begeben.	Son çağrı. ...'e/a gidecek ... nolu uçuş yolcularının ... nolu çıkış kapısına gelmeleri rica olunur.

An Bord — Uçakta

Bitte das Rauchen einstellen! Anschnallen, bitte!	Lütfen sigaralarınızı söndürünüz! Kemerlerinizi bağlayınız, lütfen.
Was ist das für ein Fluß/See/Gebirge?	Bu hangi nehir/göl/dağ?

Wo sind wir jetzt?	Şimdi neredeyiz?
Wann landen wir in ...?	...'e/a ne zaman iniyoruz?
Wir landen in etwa ... Minuten.	Takriben ... dakika içinde iniyoruz.
Wie ist das Wetter in ...?	...'de/da hava nasıl?

Ankunft — Varış

▶ auch Kap.9 – Fundbüro

Ich finde mein Gepäck/ meinen Koffer nicht.	Ben bagajımı/bavulumu bulamıyorum.
Mein Gepäck ist verlorengegangen.	Bagajım kayboldu.
Mein Koffer ist beschädigt worden.	Bavulum hasara uğradı.
An wen kann ich mich wenden?	Kime baş vurabilirim?
Von wo fährt der Bus zum Air Terminal ab?	Terminale giden otobüs nereden kalkıyor?

Wortliste Flugzeug

▶ auch Wortliste Eisenbahn

Abflug	uçuş
Air Terminal	uçak terminali
Anflug	bir yere uçuş
Anhänger *(am Koffer)*	(bavula konulan) adres etiketi
Ankunft	varış
Ankunftszeit	varış saati
Anschluß	irtibat
anschnallen, sich	bağlanmak
Anschnallgurt	bağlanma kemeri

3

auschecken	biniş (bilet) işlemini yaptırmak
Auslandsflug	dış ülkeye uçuş
Besatzung	mürettebat
an Bord	uçakta
Bordkarte	uçağa giriş kartı
buchen	rezerve etmek, bilet ayırtmak/almak
Buchung	rezervasyon
Business class	ticari mevki
Chartermaschine	kiralanmış uçak, çarter
Direktflug	doğru/aktarmasız uçuş
Düsenmaschine	jet
Economy class	ekonomik mevki
einchecken	işlem yapmak
Fenstersitz	pencere kenarı
Flug	uçuş
~gast	uçak yolcusu
~gesellschaft	uçak şirketi
~hafen	hava alanı/limanı
~hafenbus	hava alanı otobüsü
~hafengebühr	hava alanı ücreti
~plan	uçuş planı
~schein	uçak bileti, uçuş kartı
~steig	çıkış kapısı
~strecke	uçuş mesafesi/güzerğahı
~zeug	uçak
Gepäck	bagaj
~abfertigung	bagaj verme işlemi
~ausgabe	bagaj alma yeri
Handgepäck	el bagajı
Heck	(uçakta) kuyruk
Hubschrauber	helikopter
Inlandsflug	yurt içi uçuş
Kapitän	kaptan

Kofferkuli	bagaj arabası
landen	inmek
Landung	iniş
Last minute-Flug	son dakika uçuşu
Linienmaschine	seyir tarifeli uçak
Luftsicherheitsgebühr	hava emniyeti ücreti
Nichtraucher	sigara içilmez
Not|ausgang	imdat kapısı
~landung	mecburi iniş
~rutsche	imdat kayağı
Passagier	yolcu
Pilot	pilot
planmäßiger Abflug	tarifeye uygun kalkış
Raucher	sigara içen
Reiseziel	gidilecek yer, menzil
Rollfeld	uçuş pisti
Schalter	gişe
Schwimmweste	cankurtaran yeleği
Sicherheitskontrolle	emniyet kontrolü
Steward/eß	kamarot, hostes
stornieren	iptal etmek
umbuchen	bileti değiştirmek
Verspätung	gecikme, rötar
Zollfreier Laden	gümrüksüz eşya mağazası
Zwischenlandung	ara iniş

Eisenbahn/Bus

Tren/Otobüs

3

Im Reisebüro/Auf dem Bahnhof/Busbahnhof	Seyahat Acentasında/ Istasyonda/Otobüs garajında
Eine einfache Fahrt 2. Klasse/1. Klasse nach ..., bitte.	... e/a 2. (ikinci) mevki/1. (birinci) mevk yalnız gidiş bir bilet, lütfen.
Zweimal ... hin und zurück, bitte.	... e/a gidiş-dönüş iki bilet, lütfen.
Gibt es eine Ermäßigung für Kinder/kinderreiche Familien/Studenten?	Çocuklar/Çok çocuklu aileler/ Öğrenciler için indirim var mı?
Bitte eine Platzkarte für den Zug/Bus um ... Uhr nach ...	... e/a giden saat ... treni/otobüsü için numaralı bir yer lütfen.
Einen Fensterplatz?	Pencere kenarı?
Ich möchte einen Liegewagenplatz/Schlafwagenplatz für den Zug um 20 Uhr nach ...	...'e/a giden saat 20 deki trene/ kuşetlide/yataklıda bir yer istiyorum.
Gibt es einen Autoreisezug nach ...?	... e/a giden araba treni var mı?
Was kostet das für ein Auto mit vier Personen?	Bir araba ve dört kişi kaça?
Ich möchte diesen Koffer als Reisegepäck aufgeben.	Bu bavulu bagaja vermek istiyorum.
Wo kann ich mein Fahrrad aufgeben?	Bisikletimi nerede bagaja verebilirim?

Wollen Sie Ihr Gepäck versichern?	Bagajınızı sigorta etmek istiyor musunuz?
Geht das Gepäck mit dem ...-Uhr Zug ab?	Bagaj saat ... tireniyle mi gidiyor?
Wann kommt es in ... an?	... 'a/e ne zaman varır?
Hat der Zug aus ... Verspätung?	... treninin gecikmesi/ rötarı var mı?
Habe ich in ... Anschluß an die Fähre?	...'da/de arabalı vapuruna bağlantı var mı?
(Wo) Muß ich umsteigen?	Nerede aktarma yapmam lazım?
Von welchem Gleis fährt der Zug nach ... ab?	... 'a/e giden tren hangi perondan kalkıyor?
Der Zug aus ... fährt auf Gleis 1 ein.	... treni birinci perona giriyor.
Der Zug aus ... hat 10 Minuten Verspätung.	...'den/dan gelen trenin on dakika rötarı var.
Achtung, Reisende nach ...! Bitte einsteigen und die Türen schließen.	Dikkat, ... yolcuları! Lütfen trene binip kapıları kapayınız.

Im Zug/Im Bus — Trende/Otobüste

Verzeihung, ist dieser Platz noch frei?	Afedersiniz, bu yer boş mu?
Können Sie mir bitte helfen?	Lütfen bana yardım eder misiniz?
Darf ich das Fenster öffnen/schließen?	Pencereyi açabilir miyim/ kapatabilir miyim?

3

Entschuldigen Sie, bitte. Dies ist ein Nichtraucherabteil.	Özür dilerim. Bu kompartımanda sigara içilmez.
Entschuldigen Sie, das ist mein Platz. Ich habe eine Platzkarte.	Özür dilerim, burası benim yerim. Numaralı biletim var./Yer biletim var.
Die Fahrkarten, bitte.	Biletler, lütfen.
Ist noch jemand zugestiegen?	Yeni binen var mı?
Hält dieser Zug/Bus in …?	Bu tren/otobüs … 'de/da duruyor mu?
Wo sind wir jetzt?	Şimdi neredeyiz?
Wie lange haben wir hier Aufenthalt?	Burada ne kadar zaman duracağız?
Kommen wir pünktlich an?	Zamanında gelecek miyiz?

Wortliste Eisenbahn/Bus

▶ auch Wortliste Flugzeug

Abfahrt	hareket, kalkış
Abfahrtszeit	hareket saati
Abteil	kompartıman, bölme
ankommen	varmak
Aufenthalt	durma, bekleme
aussteigen	inmek
Autoreisezug	araba treni
Bahn|hof	istasyon
~hofsrestaurant	istasyon lokantası
~steigkarte	istasyon peron bileti
besetzt	dolu
D-Zug	ekspres tren

Eilzug	ekspres
einsteigen	binmek
Eisenbahn	tren
~fähre	tren feribotu
Ermäßigung	indirim, tenzilat
Fahr|karte	bilet
~kartenkontrolle	bilet kontrolü
~kartenschalter	bilet gişesi
~plan	hareket cetveli, hareket tarifesi
~preis	bilet ücreti
Fensterplatz	pencere kenarı
frei	boş
Gepäck	bagaj
~ablage	bagaj koyma yeri
~aufbewahrung	bagaj deposu, emanet
~schalter	bagaj gişesi
~schein	bagaj makbuzu
~schließfach	bagaj için kilitli dolap
~träger	hamal
~wagen	bagaj arabası
Gleis	peron
Großraumwagen	açık vagon
Hauptbahnhof	merkez istasyonu, ana gar
Hochgeschwindigkeitszug	büyük sürat treni
ICE (Intercity Expreß)	Ekspres tren
Interrail	Interrail/Uluslar arası demir yolu
Kinderfahrkarte	çocuk bileti
Kurswagen	tarifeli vagon
Liegewagenkarte	kuşetli vagon
Lokomotive	lokomotif
nachlösen	bileti sonradan almak
Nichtraucherabteil	sigara içilmeyen kompartıman

Notbremse	imdat freni
Platzkarte	numaralı yer bileti
Raucherabteil	sigara içilen kompartıman
Reisebegleiter *(Broschüre)*	seyahat broşürü
Reservierung	rezerve etmek, ayırtmak
Rückfahrkarte	gidiş/dönüş bileti
Rundreisefahrschein	tur bileti
Sammelfahrschein	toplu seyahat bileti
Schlafwagenkarte	yataklı vagon bileti
Schnellzug	ekspres
Speisewagen	restoran vagon
Toilette	tuvalet
Wagennummer	vagon numarası
Wartesaal	bekleme salonu
Waschraum	banyo odası, lavabo
Zug	tren
~begleitpersonal	tren personeli
Zuschlag	zam
zuschlagpflichtig	zamlı tarife

Schiff

Gemi/Vapur

Auskunft — Danışma/Enformasyon

Welche ist die beste Schiffsverbindung nach ...?	... 'e/a en iyi vapur seferi hangisi?
Wo/Wann fährt ... nach ... ab?	... 'a/e ... nereden/ne zaman kalkıyor?

das nächste Schiff	bundan sonraki gemi/vapur
die nächste Fähre	bundan sonraki araba vapuru
Wie lange dauert die Überfahrt?	Karşıya geçiş ne kadar sürüyor?
Welche Häfen werden angelaufen?	Hangi limanlara uğranacak?
Wann legen wir in ... an?	... limanına ne zaman yanaşacağız?
Wie lange haben wir Aufenthalt in ...?	... 'de/da ne kadar kalacağız?
Ich möchte eine Schiffskarte nach ...	... 'e/a bir vapur bileti istiyorum.
1. Klasse	Birinci mevki
Touristenklasse	Turist tarifesinden/turist mevkii
eine Einzelkabine	Tek kişilik kabine
eine Zweibettkabine	Iki yataklı kabine
Ich möchte eine Karte für die Rundfahrt um ... Uhr.	Saat ... deki gezinti, için bir bilet istiyorum.

An Bord — Gemide

Bitte, ich suche Kabine Nr. ...	Afedersiniz, ... numaralı kabineyi arıyorum.
Kann ich eine andere Kabine haben?	Bana başka bir kabine verebilir misiniz?
Wo ist mein Koffer/ mein Gepäck?	Bavulum/Bagajım nerede?
Wo ist der Speisesaal/ der Aufenthaltsraum?	Yemek salonu/Oturma salonu nerede?
Wann wird gegessen?	Ne zaman yemek yeniyor?

Steward, bringen Sie mir bitte …	Kamarot, bana lütfen … getiriniz.
Ich fühle mich nicht wohl.	Kendimi iyi hissetmiyorum.
Rufen Sie bitte den Schiffsarzt!	Lütfen, gemi doktorunu çağırınız!
Geben Sie mir bitte ein Mittel gegen Seekrankheit.	Deniz tutmasına karşı bana bir ilaç verin lütfen.

3

Wortliste Schiff

▶ auch Wortlisten Flugzeug, Eisenbahn

Anker	çapa
anlaufen	limana yanaşmak
anlegen in	'de/da demir atmak
Anlegeplatz	yanaşma ve demir atma yeri
auslaufen	limandan hareket etmek/çıkmak
ausschiffen	karaya çıkarmak, boşaltmak
Backbord	geminin sol tarafı, iskele
Bettkarte	yatak bileti
an Bord	gemide
Buchung	rezervasyon
Bug	burun (gemi)
Dampfer	vapur
Deck	güverte
einschiffen	gemiye yükleme, bindirme
Fähre	feribot
Auto~	araba vapuru
Eisenbahn~	tren feribotu
Fahrkarte	bilet
Festland	kara
Hafen	liman

~gebühr	liman ücreti
Heck	gemide kuyruk
Jacht	yat
Kabine	kabin
Außen~	dış kabin
Innen~	iç kabin
Kai	rıhtım
Kajüte	kamara
Kapitän	kaptan
Knoten	deniz mili
Kreuzfahrt	kuruvaziyer, gemiyle toplu gezi
Kurs	istikamet
Küste	sahil
Landausflug	karada gezi, karaya çıkış
Landesteg	iskele tahtası
Leuchtturm	fener kulesi
Luftkissenboot	deniz otobüsü
Mannschaft	takım, ekip, mürettebat
Matrose	tayfa, deniz eri
Motorboot	deniz motörü
Passagier	yolcu
Promenadendeck	gezinti güvertesi
Rettungs|boot	cankurtaran sandalı, kurtarma sandalı
~ring	cankurtaran simidi
Ruder	kürek
~boot	kayık
Rundfahrt	tur
Schwimmweste	cankurtaran yeleği
Seegang	dalgalı deniz
seekrank	deniz tutmuş
Segelboot	yelkenli (kayık)
Sonnendeck	güneşlenme güvertesi
Steuerbord	sancak, geminin sağ tarafı

Steward	kamarot
Tragflächenboot	deniz otobüsü
Überfahrt	gemiyle karşıya geçiş
Welle	dalga
Zwischendeck	ara güverte

An der Grenze

Sınırda

Paßkontrolle — Pasaport Kontrolü

Ihren Paß, bitte!	Pasaportunuz, lütfen!
Ihr Paß ist abgelaufen.	Pasaportunuzun süresi geçmiş.
Ich gehöre zu der Reisegesellschaft aus ...	... den, dan gelen seyahat gurubundanım.
Könnte ich bitte das amtstierärztliche Gesundheitszeugnis für Ihren Hund/Ihre Katze sehen?	Köpeğinizin/Kedinizin sağlık kağıdını görebilir miyim?
Haben Sie ein Visum?	Vizeniz var mı?
Kann ich das Visum hier bekommen?	Vizeyi buradan alabilir miyim?

Zollkontrolle — Gümrük Kontrolü

Haben Sie etwas zu verzollen?	Gümrüklü eşyanız var mı?
Nein, ich habe nur ein paar Geschenke.	Hayır, yalnızca bir kaç hediyelik eşyam var.
Fahren Sie bitte rechts/links heran.	Arabayı sağa/sola çekin, lütfen.

Öffnen Sie bitte den Kofferraum/diesen Koffer.	Bagajı/Bu bavulu açın, lütfen.
Muß ich das verzollen?	Buna gümrük ödemem lazım mı?
Wieviel Zoll muß ich bezahlen?	Ne kadar gümrük ödemem lazım?

Wortliste Grenze

Ausfuhr	ihracat, dışsatım
Ausreise	çıkış
Bestimmungen	mevzuat
Einfuhr	dışalım, ithal
Einreise	giriş
Familien|name	soyadı
~stand	medeni hal
ledig	bekâr
verheiratet	evli
verwitwet	dul
Führerschein	ehliyet
Geburts|datum	doğum tarihi
~name	kızlık soyadı
~ort	doğum yeri
Gesundheitszeugnis *(amtstierärztliches)*	sağlık kağıdı
Grenzübergang	sınır kapısı
grüne Versicherungskarte	yeşil sigorta kartı
gültig	geçerli, yürürlükte
internationaler Impfpaß	beynelmilel aşı belgesi
Kinderausweis	çocuk hüviyeti
Nationalitätskennzeichen	ulusal işaret
Paßkontrolle	pasaport kontrolü

Personalausweis	hüviyet, kimlik
Reisepaß	pasaport
Sichtvermerk	vize damgası
Staatsangehörigkeit	yurttaşlık, milliyet
Tollwut	kuduz
~impfbescheinigung	kuduz aşısı kağıdı
Visum	vize
Vorname	isim, ad
Wohnort	ikâmetgâh
Zoll	gümrük
~amt	gümrük dairesi
~beamter	gümrük memuru
~frei	gümrüksüz
~gebühren	gümrük rüsumu/vergisi
~kontrolle	gümrük kontrolü
~pflichtig	gümrüğe tabi

Nahverkehrsmittel

Şehiriçi Ulaşım

Welcher Bus/Welche Straßenbahn/Welche U-Bahnlinie fährt nach ...?	... 'a/e hangi otobüs/tramvay/metro gider?
Bitte, wo ist die nächste ...-Haltestelle?	Affedersiniz, en yakın ... durağı nerede?
Bus	Otobüs
E-Bus	troleybüs
Straßenbahn	tramvay
U-Bahn	metro
Sammeltaxi	dolmuş

Welche Linie fährt nach ...?	... 'a/e hangi numara gidiyor?
Ist dies der richtige Bus nach ...?	... 'a/e giden otobüs bu mu?
Wann/Wo fährt der Bus ab?	Ne zaman/Nereden kalkıyor otobüs?
Wann fährt die erste/letzte U-Bahn nach ...?	... 'a/e ilk/son metro ne zaman kalkıyor?
In welche Richtung muß ich fahren?	Hangi istikamete gitmem lazım?
Wie viele Haltestellen sind es?	Kaç durak var?
Wo muß ich aussteigen/umsteigen?	Nerede inmem/aktarma yapmam lazım?
Sagen Sie mir bitte, wenn ich aussteigen muß.	Oraya gelince, söyler misiniz lütfen.
Wo kann ich den Fahrschein kaufen?	Nereden bilet alabilirim?
Bitte, einen Fahrschein nach ...	... 'a/e bir bilet lütfen.
Gibt es auch Mehrfahrten-/Wochenkarten?	Toplu/Haftalık bilet de var mı?

Taxi

Taksi

Wo ist der nächste Taxistand?	En yakın taksi durağı nerede?
Zum Bahnhof.	İstasyona.

3

Zum ... Hotel.	... oteline.
In die ...-Straße.	... caddesine.
Nach ..., bitte.	... 'a/e, lütfen.
Wieviel kostet es nach ...?	... 'a/e gidiş kaça?
Halten Sie bitte hier.	Burada durun, lüften.
Warten Sie bitte. Ich bin in 5 Minuten zurück.	Lütfen bekleyin. Beş dakika sonra döneceğim.
Das ist für Sie.	Bu size.

Zu Fuß

Yaya

Bitte, wo ist ...?	Affedersiniz, ... nerede?
Können Sie mir sagen, wie ich nach ... komme?	... 'e/a nasıl gideceğimi söyler misiniz?
Tut mir leid, das weiß ich nicht.	Bilmiyorum, maalesef.
Welches ist der kürzeste Weg nach/zu ...?	... 'e/a en kestirme (kısa) yol hangisi?
Wie weit ist es zum/zur ...?	... 'e/a daha ne kadar yol var?
Es ist (nicht) weit.	Uzak (değil).
Es ist ganz in der Nähe.	Çok yakında.
Gehen Sie geradeaus/ nach links/nach rechts.	Doğru/Sola/Sağa gidiniz.
Erste/Zweite Straße links/rechts.	Birinci/İkinci caddeden sola/sağa.

Überqueren Sie ...	... karşıya geçin.
die Brücke.	Köprüden
den Platz.	Meydandan
die Straße.	Caddeden
Dann fragen Sie noch einmal.	Sonra bir kere daha sorunuz.
Sie können es nicht verfehlen.	Görmemeniz mümkün değil.
Sie können ...	Siz ...
den Bus	otobüse
den Obus	troleybüse
die Straßenbahn	tramvaya
die S-Bahn	banliyö trenine,
die U-Bahn	metroya
das Taxi	taksiye
das Sammeltaxi	dolmuşa
nehmen.	binebilirsiniz.

Wortliste Unterwegs in der Stadt

abfahren	hareket etmek
aussteigen	inmek
Bus	otobüs
~bahnhof	otobüs garajı
einsteigen	binmek
Endstation	son istasyon
entwerten	bileti iptal etmek
Fahr|er	şöför
~kartenverkauf	bilet gişesi
~plan	hareket cetveli, hareket tarifesi
~preis	bilet ücreti
~schein	bilet

3

Gebäude	bina
Gehsteig	kaldırım
halten	durmak
Haltestelle	durak (yeri)
Hauptstraße	ana yol
Haus	ev
~nummer	numarası
Innenstadt	şehir merkezi
Kirche	kilise
Kontrolleur	kontrolcü, denetçi
lösen *(Fahrschein)*	bilet almak
Netzkarte	abone kartı
Obus	troleybüs
Park	park
Pauschalpreis	götürü fiyat
Quittung	makbuz
Richtung	yön
Sammeltaxi	dolmuş
S-Bahn	metro
Schaffner	biletçi, kondüktör
Stadt|bus	belediyi otobüsü
~rundfahrt	şehir turu
~teil	semt
~zentrum	şehir merkezi
Straße	sokak, cadde
Straßenbahn	tramvay
Tageskarte	günlük bilet
Taxi|fahrer	taksi şöförü
~stand	taksi durağı
Trinkgeld	bahşiş
U-Bahn	metro
Überlandbus	şehirler arası otobüs
Vorort	banliyö

4 Unterkunft

Auskunft

Danışma/Enformasyon

4

Können Sie mir bitte ... empfehlen?	Bana ... tavsiye edebilir misiniz, lütfen?
ein gutes Hotel	iyi bir otel
ein einfaches Hotel	mütevazi bir otel, orta halli
eine Pension	bir pansiyon
ein Privatzimmer	özel oda/aile yanında bir oda
Ist es in Strandnähe/zentral/ruhig gelegen?	Sahile yakın mı/Merkezde/Sakin mi?
Was wird eine Übernachtung etwa kosten?	Bir geceliği yaklaşık kaça olur?
Gibt es hier einen Campingplatz?	Burada kamp yeri var mı?

Hotel/Pension/Privatzimmer

Otel/Pansiyon/Özel Oda

An der Rezeption — Resepsiyonda

Ich habe bei Ihnen ein Zimmer reserviert. Mein Name ist ...	Ben bir oda ayırttım. Adım ...
Haben Sie noch Zimmer frei?	Boş odanız var mı?
... für eine Nacht.	Bir gecelik ...
... für zwei Tage.	İki günlük ...

... für eine Woche.	Bir haftalık ...
Nein, wir sind leider vollständig belegt.	Hayır, malesef tamamen doluyuz.
Ja, was für ein Zimmer wünschen Sie?	Peki, nasıl bir oda istiyorsunuz?
ein Einzelzimmer	tek kişilik bir oda
ein Zweibettzimmer	çift yataklı bir oda
ein Zweibettzimmer, aber bitte nicht mit einem französischen Bett	çift yataklı bir oda, ama fransız yatağı olmasın lütfen.
ein ruhiges Zimmer	sakin bir oda
ein sonniges Zimmer	güneşli bir oda
mit fließend Kalt- und Warmwasser	soğuk ve sıcak sulu
mit Dusche	duşlu
mit Bad	banyolu
mit Balkon/Terrasse	balkonlu/teraslı
mit Blick aufs Meer	denize bakan/deniz manzaralı
straßenseitig gelegen	cadde tarafında
hofseitig gelegen	avlu/bahçe tarafında
Kann ich das Zimmer ansehen?	Odayı görebilir miyim?
Dieses Zimmer gefällt mir nicht. Zeigen Sie mir bitte ein anderes.	Bu oda hoşuma gitmedi. Bir başkasını gösterin.
Dieses Zimmer ist sehr hübsch. Ich nehme es.	Bu oda çok güzel. Bunu alıyorum.
Können Sie noch ein drittes Bett/Kinderbett dazustellen?	Üçüncü bir yatak/çocuk yatağı koyabilir misiniz?

4

Was kostet das Zimmer mit ...	Bu oda ... kaça?
Frühstück?	kahvaltılı
Halbpension?	akşam/öğlen yemekli (yarım pansiyon)
Vollpension?	tam pansiyon
Wollen Sie bitte den Anmeldeschein ausfüllen?	Kayıt formülünü doldurur musunuz?
Darf ich Ihren Reisepaß/ Personalausweis sehen?	Pasaportunuzu/Hüviyetinizi görebilir miyim?
Bitte lassen Sie das Gepäck auf mein Zimmer bringen.	Bavulları odama gönderin, lütfen.
Wo kann ich den Wagen abstellen?	Arabayı nereye koyabilirim?
In unserer Garage/ Auf unserem Parkplatz.	Garajımıza/ Park yerimize.
Hat das Hotel ein Schwimmbad/ einen eigenen Strand?	Otelin yüzme havuzu/ plajı var mı?

Gespräche mit dem Hotelpersonal / Otel Personeli İle Konuşmalar

Ab wann gibt es Frühstück?	Kahvaltı saat kaçta başlıyor?
Wann sind die Essenszeiten?	Yemek zamanları nasıl?
Wo ist der Speisesaal?	Yemek salonu nerede?
Wo kann man frühstücken?	Nerede kahvaltı edilebilir?

Eine Treppe tiefer.	Bir kat aşağıda.
Sollen wir Ihnen das Frühstück aufs Zimmer schicken?	Kahvaltıyı odanıza gönderelim mi?
Schicken Sie mir bitte das Frühstück um … Uhr aufs Zimmer.	Kahvaltıyı saat … de odama gönderin, lütfen.
Zum Frühstück nehme ich …	Kahvaltıda … alıyorum.
schwarzen Kaffee.	kahve
Kaffee mit Milch.	sütlü kahve
koffeinfreien Kaffee.	kafeinsiz kahve/dekafein
Tee mit Milch/Zitrone.	sütlü/limonlu çay
einen Kräutertee.	bitki çayı
Schokolade.	çukulata
einen Fruchtsaft.	meyva suyu
ein weiches Ei.	rafadan yumurta
Rühreier.	tavada yumurta
Dörrfleisch.	pastırmalı yumurta
Brot/Brötchen/Toast.	ekmek/sandviç/tost
ein Hörnchen.	bir simit/ay çöreği
Butter.	tereyağı
Käse.	peynir
Wurst.	sucuk
Schinken.	jambon
Honig.	bal
Marmelade.	reçel
ein Joghurt.	bir yoğurt
etwas Obst.	biraz meyva
Könnte ich für morgen ein Lunchpaket bekommen?	Yarın içi bana yolluk yemek paketi verebilir misiniz?

Wecken Sie mich bitte morgen früh um ... Uhr.	Beni yarın sabah saat ... de uyandırın lütfen.
Würden Sie mir bitte ... bringen?	Bana ... getirir misiniz, lütfen?
noch ein Handtuch	bir tane daha havlu
ein Stück Seife	bir sabun
einige Kleiderbügel	birkaç elbise askısı
Wie funktioniert ...?	... nasıl oluyor?
Bitte meinen Schlüssel.	Anahtarımı lütfen.
Hat jemand nach mir gefragt?	Beni arayan oldu mu?
Ist Post für mich da?	Bana posta var mı?
Haben Sie Ansichtskarten/Briefmarken?	Sizde manzara kartları/ posta pulu bulunur mu?
Wo kann ich diesen Brief einwerfen?	Bu mektubu nereden gönderebilirim?
Wo kann ich ... mieten/ausleihen?	Nereden ... kiralaya bilirim?
Wo kann ich telefonieren?	Nereden telefon edebilirim?
Kann ich meine Wertsachen bei Ihnen in den Safe geben?	Kıymetli eşyalarımı kasanıza koyabilir miyim?
Kann ich meine Sachen hier lassen, bis ich wiederkomme?	Dönene kadar eşyalarımı burada bırakabilir miyim?

Beanstandungen — Şikayetler

Das Zimmer ist nicht gereinigt worden.	Oda temizlenmemiş.

Die Dusche ...	Duş ...
Die Spülung ...	Sifon ...
Die Heizung ...	Kalorifer ...
Das Licht ...	Işık ...
Das Radio ...	Radyo ...
Der Fernseher ... funktioniert nicht.	Televizyon ... bozuk.
Der Wasserhahn tropft.	Musluk damlıyor.
Es kommt kein (warmes) Wasser.	(Sıcak) Su gelmiyor.
Die Toilette/ Das Waschbecken ist verstopft.	Tuvalet/Lavabo tıkalı.
Das Fenster schließt nicht/geht nicht auf.	Pencere kapanmıyor/ açılmıyor.
Der Schlüssel paßt nicht.	Anahtar uymuyor.

Abreise — Yola Çıkış/Ayrılış

Ich reise heute abend/ morgen um ... Uhr ab.	Bu akşam/sabah saat ... da/ de yola çıkıyorum.
Bis wann muß ich das Zimmer räumen?	Saat kaça kadar odayı boşaltmam lazım?
Machen Sie bitte die Rechnung fertig.	Hesabı çıkarın lütfen.
Getrennte Rechnungen bitte.	Ayrı ayrı hesap lütfen.
Nehmen Sie deutsches Geld/Euroschecks?	Mark/Evroçek alıyor musunuz?

Bitte senden Sie noch ankommende Post an diese Adresse nach.	Postamı arkamdan bu adrese gönderin, lütfen.
Lassen Sie bitte mein Gepäck herunterbringen.	Bavullarımı aşğıya getirtin lütfen.
Lassen Sie bitte mein Gepäck zum Bahnhof/zum Air Terminal bringen.	Bavullarımı istasyona/ terminale gönderin, lütfen.
Rufen Sie mir bitte ein Taxi.	Bana bir taksi çağırın lütfen.
Vielen Dank für alles. Auf Wiedersehen.	Her şey için teşekkür ederim. Allaha ısmarladık.

Wortliste Hotel/Pension/Privatzimmer

Abendessen	akşam yemeği
Animationsprogramm	eğlence programı
Anmeldung	kayıt
Aschenbecher	sigara tablası
Aufenthaltsraum	salon
Aufzug	asansör
Bade|wanne	küvet
~zimmer	banyo odası
Balkon	balkon
Bett	yatak
~decke	yatak örtüsü, yorgan
~laken	yatak çarşafı
~wäsche	yatak takımı, çamaşırı
Bidet	bide
Dusche	duş
Empfangshalle	karşılama salonu
Etage	kat

Fenster	pencere
Fernseher	televizyon
Fernsehraum	televizyon odası
Frühstück	kahvaltı
Frühstücks|büfett	kahvaltı büfesi
~raum	kahvaltı salonu
Halbpension	yarım pansiyon
Handtuch	havlu
Hauptsaison	ana sezon
Hausbar	otel barı
Heizung	kalorifer
Kategorie	kategori, sınıf
Kinder|betreuung	çocuk bakımı
~bett	çocuk yatağı
~spielplatz	çocuk bahçesi, çocuk oyun yeri
Kleiderbügel	elbise askısı
Klimaanlage	klima tesisatı
Kopfkissen	yastık
Lampe	lamba
Lichtschalter	elektirik düğmesi
Matratze	yatak
Minibar	minibar
Mittagessen	öğlen yemeği
Motel	motel
Nachsaison	sezon sonrası
Nachttisch	gece masası
~lampe	gece lambası
Papierkorb	kağıt sepeti
Pension	pansiyon
Planschbecken	çocuk havuzu
Poolbar	bar
Portier	kapıcı
Radio	radyo

4

4

reinigen	temizlemek
Reservierung	ayırtmak
Rezeption	resepsiyon
Safe	kasa
Schlüssel	anahtar
Schrank	dolap
Sessel	koltuk
Speisesaal	yemek salonu
Spiegel	ayna
Steckdose	priz
Stecker	fiş
Terrasse	teras
Toilette	tuvalet
Toilettenpapier	tuvalet kağıdı
Transferbus	servis otobüsü
Übernachtung	geceleme
Ventilator	vantilatör
Verlängerungs|schnur	uzatma kordonu, uzatma kablosu
~woche	uzatma haftası
Vollpension	tam pansiyon
Vorsaison	sezon öncesi
Waschbecken	lavabo
Wäschewechsel	çamaşır değiştirme
Wasser	su
kaltes ~	soğuk su
warmes ~	sıcak su
~glas	su bardağı
~hahn	musluk
Wolldecke	yün battaniye
Zimmer	oda
~mädchen	oda hizmetçisi
~telefon	oda telefonu
Zwischenstecker	ara priz

Ferienhäuser/Ferienwohnungen

Tatil Evleri/Tatil Daireleri

Ist der Strom-/Wasserverbrauch im Mietpreis enthalten?	Elektirik/Su masrafı kiranın içinde mi?
Sind Haustiere erlaubt?	Ev hayvanlarına müsade var mı?
Wo bekommen wir die Schlüssel für das Haus/die Wohnung?	Evin/Dairenin anahtarını nereden alacağız?
Müssen wir sie dort auch wieder abgeben?	Tekrar oraya mı teslim edeceğiz?
Wo befinden sich die Mülltonnen?	Çöp tenekesi nerede?
Müssen wir die Endreinigung selbst übernehmen?	Son temizliği bizim mi yapmamız lazım?

Wortliste Ferienhäuser/Ferienwohnungen

► **auch Wortliste Hotel/Pension/Privatzimmer**

Anreisetag	varış günü
Appartement	küçük daire
Bungalow	bungalov
Endreinigung	son temizlik
Eßecke	yemek köşesi
Etagenbett	iki katlı yatak
Ferien|anlage	tatil tesisi
~haus	tatil evi, yazlık
~wohnung	yazlık daire
Geschirr|handtuch	kurulama bezi

~spülmaschine	bulaşık makinası
Haus|besitzer	ev sahibi
~tiere	ev hayvanları
Herd	ocak
Elektro~	elektirikli ocak
Gas~	gaz ocağı
Kaffeemaschine	kahve makinası
Kochnische	küçük ocak
Kühlschrank	buz dolabı
Miete	kira
Müll	çöp
Nebenkosten	yan masraflar
Prospekt	broşür, prospektüs
Schlaf|couch	sedir
~zimmer	yatak odası
Schlüsselübergabe	anahtar teslimi
Strom	ceryan
~pauschale	götürü elektirik parası
~spannung	voltaj
Studio	stüdyo
Toaster	ekmek kızartma makinası
vermieten	kiraya vermek
Waschmaschine	çamaşır makinası
Wasserverbrauch	su sarfiyatı
Wohn|-Schlafraum	oturma-yatak odası
~zimmer	oturma odası
Zentralheizung	kalorifer

Camping

Kamp

Gibt es in der Nähe einen Campingplatz?	Yakında bir kamp yeri var mı?
Haben Sie noch Platz für einen Wohnwagen/ein Zelt?	Yataklı araba/çadır için daha bir yeriniz var mı?
Wie hoch ist die Gebühr pro Tag und Person?	Günlüğü kişi başına ne kadar?
Wie hoch ist die Gebühr für ...	... ücreti ne kadar?
das Auto?	Araba
den Wohnwagen/das Wohnmobil?	Yataklı araba
das Zelt?	Çadır
Vermieten Sie Ferienhäuser/Wohnwagen?	Yazlık ev/Yataklı araba kiralıyor musunuz?
Wo kann ich meinen Wohnwagen aufstellen/mein Zelt aufschlagen?	Yataklı arabamı nereye yerleştirebilirim/çadırımı nereye kurabilirim?
Wir bleiben ... Tage/Wochen.	... gün/hafta kalacağız.
Gibt es hier ein Lebensmittelgeschäft?	Burada bir bakkal var mı?
Wo sind die ...	... nerede?
Toiletten?	Tuvaletler
Waschräume?	Yıkanma odaları
Duschen?	Duşlar

Gibt es hier Stromanschluß?	Burada ceryan var mı?
Haben Sie 220 oder 110 Volt?	220 (iki yüz yirmi) mi yoksa 110 (yüz on) volt mu?
Wo kann ich Gasflaschen umtauschen/ausleihen?	Gaz tüplerini nerede değiştirebilirim?
Ist der Campingplatz bei Nacht bewacht?	Kamp yerinin gece bekçisi var mı?
Gibt es hier einen Kinderspielplatz?	Burada bir çocuk bahçesi var mı?
Können Sie mir bitte ... leihen?	Bana ... ödünç verebilir misiniz, lütfen?

Jugendherberge

Gençler için Tatil Yurdu

Kann ich bei Ihnen Bettwäsche/einen Schlafsack leihen?	Sizden yatak çamaşırı/bir uyku tulumu kiralayabilir miyim?
Die Eingangstür wird um ... Uhr abgeschlossen.	Dış kapı saat ... te kapanıyor.

Wortliste Camping/Jugendherberge

Bauernhof	çiftlik
Benutzungsgebühr	kullanma ücreti
Camping	kamp
~ausweis	kamp hüviyeti
~führer	kamp yöneticisi

~platz	kamp yeri
Gas|flasche	gaz tüpü
~kartusche	gaz hartuçu
~kocher	gaz ocağı
Gemeinschaftsraum	ortak oturma odası
Geschirrspülbecken	mutfak lavabosu
Herbergseltern	pansiyoncu karı-koca
Jugendgruppe	gençler grubu
Jugendherberge	gençlik oteli
Jugendherbergs|ausweis	gençler için yurt kimliği
~führer	gençler için yurt kılavuzu
Kinderspielplatz	çocuk bahçesi, çocuk oyun yeri
Kocher	ocak
leihen	ödünç alma, kiralama
Leihgebühr	kira bedeli
Leinenschlafsack	keten uyku torbası
Mehrbettzimmer	çok kişilik oda
Mitgliedskarte	üye kartı
Petroleumlampe	gazyağı lambası
Propangas	propan gazı
Schlaf|saal	yatak salonu
~sack	uyku tulumu
Steckdose	priz
Stecker	fiş
Strom	ceryan
~anschluß	ceryan bağlantısı
Studentenwohnheim	öğrenci yurdu
Tagesraum	oturma odası
Trinkwasser	içme suyu
Voranmeldung	önceden haber verme, ön kayıt
Waschraum	banyo odası, lavabo
Wäschetrockner	çamaşır kurutucusu
Wasser	su

~kanister	su bidonu
Wohn|mobil	yataklı araba
~wagen	yataklı araba
Zelt	çadır
zelten	çadırda kalmak
Zelt|schnur	çadır sicimi, halatı
~stange	çadır direği

4

5 Gastronomie

Essen gehen

Yemeğe gitmek

Wo gibt es hier …	Burada nerede … var?
ein gutes Restaurant?	iyi bir lokanta
ein typisches Restaurant?	tipik bir lokanta
ein Fisch-/Fleisch-restaurant?	bir balık/et lokantası
ein nicht zu teures Restaurant?	fazla pahalı olmıyan bir lokanta
einen Schnellimbiß?	bir sandviççi
Wo kann man hier in der Nähe gut/preiswert essen?	Yakında nerede iyi/ucuz yemek yiyebiliriz?

Bezeichnung türkischer Gaststätten

Kahvehane, kahve *ist das türkische Café. Mit Ausnahme von wenigen Häusern in den Zentren der Großstädte wird das türkische Café traditionell von Männern besucht. Frauen ist der Besuch jedoch nicht untersagt.*

Çayhane, çayevi, çay bahçesi *ist das Teehaus, auch für Frauen und Familien.*

Pastane *entspricht dem Konditorei-Café mit türkischen Kuchen- und Tortenspezialitäten.*

Tatlící, muhallebice *bietet türkische Mehl- und Milchsüßspeisen.*

Lokanta, aşevi, restoran, doyumevi *sind Bezeichnungen fürs Restaurant. Über Inhalt und Qualität der Speisekarte sagen diese Bezeichnungen jedoch nichts aus.*

Balık lohantsı *ist ein Fischrestaurant.*

Et lokantası *bietet Fleischgerichte.*

Im Restaurant

Lokantada

Reservieren Sie uns bitte für heute abend einen Tisch für 4 Personen.	Bu akşama dört kişilik bir masa ayırın lütfen.
Bis wann kann man bei Ihnen essen?	Saat kaça kadar yemeğiniz var?
Ist dieser Tisch/Platz noch frei?	Bu masa/yer boş mu?
Einen Tisch für 2/3 Personen, bitte.	İki/üç kişilik bir masa, lütfen.
Wo sind bitte die Toiletten?	Afedersiniz, tuvalet nerede?
Bitte hier entlang.	Buradan lütfen.

Bestellung

Frühstück ► auch Kap.4

Ismarlama

Herr Ober, die Speisekarte/die Getränkekarte, bitte!	Garson,yemek listesi/içki listesi, lüften!
Was können Sie mir empfehlen?	Bana ne tavsiye edersiniz?
Haben Sie vegetarische Gerichte/Diätkost?	Etsiz/Pehriz yemeğiniz var mı?
Gibt es auch Kinderportionen?	Çocuklara yarım porsiyon veriyor musunuz?

Haben Sie schon gewählt?	Seçtiniz mi?
Was nehmen Sie als Vorspeise/Nachtisch?	Meze (Ördövr)/Tatlı ne alıyorsunuz?
Ich nehme ...	Ben ... alacağım.
Als Vorspeise/Hauptgericht/Nachtisch nehme ich ...	Ben meze (ordövr)/yemek/tatlı olarak ... istiyorum.
Ich möchte keine Vorspeise, danke.	Meze (Ordövr) istemem, teşekkür ederim.
5 Wir haben leider kein/e ... (mehr).	Malesef/Üzgünüm ... kalmadı.
Dieses Gericht servieren wir nur auf Bestellung.	Bu yemeği önceden ısmarlanırsa servis yapıyoruz.
Könnte ich statt ... ... haben?	... yerine ... alabilir miyim?
Ich vertrage kein/e ..., könnten Sie das Gericht ohne ... zubereiten?	Bana ... dokunuyor, yemeğe koymadan da olur mu?
Wie möchten Sie Ihr Steak haben?	Kızartmanızı (stek) nasıl istersiniz?
gut durch	tam pişmiş
halbdurch	az pişmiş
englisch	çok az pişmiş
Was wollen Sie trinken?	Ne içmek istiyorsunuz?
Bitte ein Glas ...	Lütfen, bir bardak ...
Bitte eine (halbe) Flasche ...	(Yarım) Şişe ..., lütfen.
Mit Eis, bitte.	Buz ile, lütfen.

Guten Appetit!	Afiyet olsun!
Haben Sie noch einen Wunsch?	Başka bir istediğiniz var mı?
Bitte bringen Sie uns ...	Lütfen, bize ... getiriniz.
Könnten wir noch etwas Brot/Wasser/Wein bekommen?	Biraz daha ekmek/su/şarap getirebilir misiniz?

Beanstandungen
Şikayetler

5

Hier fehlt ein/e ...	Burada ... eksik.
Haben Sie mein/e ... vergessen?	Benim ... unuttunuz mu?
Das habe ich nicht bestellt.	Ben bunu ısmarlamadım.
Das Essen ist kalt/ versalzen.	Yemek soğuk/çok tuzlu.
Das Fleisch ist zäh/ zu fett.	Et çok sert/çok yağlı.
Der Fisch ist nicht frisch.	Balık taze değil.
Nehmen Sie es bitte zurück.	Bunu lütfen geri götürün.
Holen Sie bitte den Chef.	Lütfen, şefi çağırın.

Die Rechnung

Hesap

5

Bezahlen, bitte.	Hesabı lütfen.
Die Rechnung, bitte. Wir haben es eilig.	Hesabı, lütfen. Acelemiz var.
Bitte alles zusammen.	Hepsi beraber lütfen.
Getrennte Rechnungen, bitte.	Hesaplar ayrı ayrı, lütfen.
Ist die Bedienung inklusive?	Garson yüzdesi (bahşiş) içinde mi?
Die Rechnung scheint mir nicht zu stimmen.	Hesap doğru değil galiba.
Das habe ich nicht gehabt. Ich hatte ...	Bunu almadım. Ben ... almıştım.
Hat es geschmeckt?	Hoşunuza gitti mi?
Das Essen war ausgezeichnet.	Yemek çok güzeldi.
Das ist für Sie.	Bu size.
Es stimmt so.	Bu tamam.

Zur Rechnung im Restaurant oder im Café kommen noch 15 % Bedienung und 10 % Steuern hinzu.

Einladung zum Essen/Essen in Gesellschaft

Yemeğe davet/Toplu yemek

Vielen Dank für die Einladung!	Davetinize teşekkür ederim!
Greifen Sie zu!	Buyurun!
Auf Ihr Wohl!	Sağlığınıza!
Können Sie mir bitte ... reichen?	Bana ... verebilir misiniz?
Noch etwas ...?	Biraz daha ...?
Danke, es war reichlich.	Teşekkür ederim, bu çoktu.
Ich bin satt, danke.	Doydum, teşekkür ederim.
Darf ich rauchen?	Sigara içebilir miyim?

5

Wortliste Gastronomie

▶ auch Kap.8, Wortliste Lebensmittel

Abendessen	akşam yemeği
alkoholfrei	alkolsüz
anmachen *(Salat)*	salatanın sosunu koymak
Aschenbecher	sigara tablası
Bar	bar
bedienen, sich	kullanmak, buyurmak
Beilage	garnitür
Besteck	çatal bıçak
bestellen	ısmarlamak
Bestellung	ısmarlama
Bier	bira
Brot	ekmek
Butter	tereyağı
Diabetiker	şeker hastası

Dressing	salata sosu
durchgebraten	iyice kızartılmış
Eierbecher	yumurtalık
entkorken	şişe açmak, mantarı çıkarmak
Essig	sirke
Faß, vom	fıçıdan
Fett	yağ
Fleck	leke
frisch	taze
Frühstück	kahvaltı
Füllung	dolgu, içindeki
Gabel	çatal
Gang	çeşit
gar	pişmiş
gebacken	fırında kızarmış
gebraten	yağda kızarmış
am Spieß	şişte
vom Grill	ızgarada
in der Pfanne	tavada
gedämpft	buğulama
Gedeck	servis
gedünstet	hafif ateşte kendi suyunda pişmiş
gefüllt	doldurulmuş, dolma
gekocht	pişmiş
geräuchert	tütsülenmiş, füme
Gericht	yemek
geröstet	kızartılmış, kavrulmuş
Geschmack	tat
geschmort	kebap et
Getränk	içecek
Gewürz	baharat
Glas	bardak
Wasser~	su bardağı

Wein~	şarap bardağı, kadeh
Gräte	kılçık
hart	sert
Hauptspeise	baş yemek
hausgemacht	ev yemeği
heiß	çok sıcak
hungrig sein	aç olmak, acıkmak
Kaffeekanne	kahvedenlik
kalt	soğuk
Karaffe	sürahi
Kartoffeln	patates
Kellner/in	garson
Ketchup	ketçap, salça
Kinderteller	çocuk tabağı
Knoblauch	sarmısak
Knochen	kemik
Koch	aşçı
kochen	pişirmek
Korkenzieher	tirbuşon
Kräuter	otlar
Kümmel	kimyon
Löffel	kaşık
Tee~	çay kaşığı
Lorbeer	defne
mager	yağsız, zayıf
Mayonnaise	mayonez
Menü	menü
Messer	bıçak
Mittagessen	öğlen yemeği
Muskatnuß	hindistan cevizi
Nachtisch	tatlı, meyve, deser
Nelken	karanfil
Nudeln	makarna

Ober *(Anrede)*	garson
Öl	yağ
Oliven	zeytin
~öl	zeytin yağı
Paprika	sivri biber
Petersilie	maydanoz
Pfannengericht	tava yemeği
Pfeffer	biber
~streuer	biberlik
Pommes frites	pomfirit
Portion	porsiyon
probieren	denemek
Reis	pilav
roh	çiğ
Rost	ızgara
saftig	sulu, özlü
Salat	salata
~büfett	salata büfesi
Salz	tuz
~streuer	tuzluk
sauer	ekşi
scharf	acı
Scheibe	dilim
Schonkost	diyet, pehriz yemeği
Schüssel	çanak
Senf	hardal
Serviette	peçete
Soße	sos, salça
Speise	yemek
~karte	yemek listesi
Spezialität	özel yemek, spesiyalite
Strohhalm	kamış
Suppe	çorba

Suppenteller	çorba tabağı
süß	tatlı
Süßstoff	diyet şekeri
Tages|gericht	günün yemeği
~menü	günün menüsü
Tasse	fincan
Unter~	fincan altı
Teekanne	çaydanlık
Teller	tabak
Tischtuch	masa örtüsü
Trinkgeld	bahşiş
trocken *(Wein)*	sek (şarap)
überbacken	gratenli
vegetarisch	vejeteryan
Vorspeise	önyemek, ordövr
Wasser	su
weich	yumuşak
Wein	şarap
würzen	baharat katmak
zäh	sert, kart
Zahnstocher	kürdan
zart	yumuşak
Zitrone	limon
Zucker	şeker
Zwiebel	soğan

Yemek listesi
Speisekarte

5

Çorbarlar	**Suppen**
İşkembe çorbası	Pansensuppe
Kremalı domates çorbası	Tomatencremesuppe
Kremalı kuşkonmaz çorbası	Spargelcremesuppe
Kremalı işkembe çorbası	Kuttelsuppe
Kremalı mantar çorbası	Pilzcremesuppe
Sebze çorbaları	Gemüsesuppe
Yayla çorbası	Reissuppe
Çerezler	**Vorspeisen**
Beyaz peynir	Weißer Käse, Schafskäse
Beyin tava ve salatası	Gebackenes Hirn mit Salat
Fasulye pilâki	Bohnen in Öl
Jambonlu kavun	Melone mit Schinken
Midye dolma	Gefüllte Muscheln
Pastırma	Dörrfleisch
Rus Salatası	Russischer Salat
Zeytinyağlı yapraksarması	Gefüllte Weinblätter in Öl
Soğuk etler	**Kaltes Fleisch**
Dil füme garnili	Zunge garniert
Jambon garnili	Gekochter Schinken garniert
Karışık soğuk et tabağı	Gemischte Fleischplatte, kalt
Kuzu veya dana rosto	Lamm- oder Kalbsbraten
Soğuk rozbif garnili	Roastbeef garniert
Tavuk söğüş garnili	Kaltes Huhn garniert

Yumurtalar	Eierspeisen
Alakok yumurta	Weichgekochtes Ei
Rafadan yumurta	Spiegelei
Sucuklu yumurta	Ei mit Wurst
Mantarlı omlet	Pilzomelette
Omlet patatesli	Kartoffelomelette
Tavuk ciğerli omlet	Omelette mit Hühnerleber

Pirinç ve hamur işleri	Reis und Teigwaren
Börek çeşitleri	verschiedene Pasteten
Mantı	Türk. Ravioli in Joghurt
Raviyoli	Ravioli
Spaghetti bolonez	Spaghetti mit Hackfleischsoße
Talaş Kebap	Holzspän-Kebap
Tereyağlı pilav	Butterreis

Izgara etler ve rotiler	Gegrilltes und Gebratenes
Ciğer tava veya ızgara	Leberschnitten gebraten oder gegrillt
Döner kebap	gegrilltes Fleisch am senkrechten Spieß
Etli sebzeler	Gemüse mit Fleisch
Karısık ızgara	Gemischte Grillplatte
Kuzu pirzola	Lammkotelett
Macar gulaş	Ungarisches Gulasch
Piliç ızgara	Gegrilltes Hähnchen
Şiş kebap	Fleischspieß

Balıklar	Fisch
Alabalık	Forelle
Çipura	Goldbrasse
Dil balığı	Seezunge
Gümüş balığı	Ahrenfisch
Hamsi	Sardelle
Hamsigiller	Heringe
İskorpit	Meersau
İskorpit hanisi	Wrackbarsch
Kalkanbalığı	Steinbutt
Karagöz balığı	Geißbrasse
Kılıçbalığı	Schwertfisch
Kırlangıç balığı	Roter Knurrhahn
Kolyos balığı	Mittelmeermakrele
Levrek	See-, Meerbarsch
Lüfer	Blaubarsch 20-30 cm lang
Mezgit, Mezit	Zwergdorsch
Palamut	Bonito; je nach Größe werden unterschieden:
Kestane, Çingene palamutu	(30-35 cm lang),
Altıparmak, Piçuta, Palamut vonozu	(junger Bonito),
Torik	(zweijährig) und
Sivri	(dreijährig)
Papaz balığı	Mönchsfisch
Sardalya	Sardine
Trahunya	Petermännchen
Uskumru	Makrele
Uskumru turnası	Makrelenhecht
Zargana balığı	Horn-, Nadelhecht

Salatalar	Salate
Karışık salata	Gemischter Salat
Mevsim salatası	Salat der Saison
Pancar turşusu	Rote-Bete-Salat
Çeşitli turşular	Mixed Pickles

Tatlı ve Meyvalar	Obst und Süßspeisen
Dondurma	Eis
Karışık meyva	Früchtekorb
Karpuz	Wassermelone
Kavun	Honigmelone
Kompostolar	Kompott
Meyva salatası	Obstsalat
Muhtelif alaturka hamur tatlıları	Mehlsüßspeisen
Peşmelba	Pfirsich Melba

İçkiler
Getränkekarte

5

Bardakla satılan sert içkiler	Alkoholische Getränke
Altınbaş Rakı	Anisschnaps
Binboğa Votka	Wodka
Kanyak	Kognak
Kulüp Rakı	Anisschnaps
Likör Çeşitleri	Liköre
Tekel Bira	Bier
Beyaz şarap	Weißwein
Kırmızı şarap	Rotwein

Meşrubat ve az alkollü içkiler	Alkoholfreie Getränke
Ayran	Joghurtgetränk
Domates suyu	Tomatensaft
Limonata	Limonade
Maden suyu sodası	Mineralwasser
Taze meyva suları	Frische Fruchtsäfte
Buzlu çay	Geeister Tee
Çay porselen bardakta	Tasse Tee
Çay servisi süt ile	Kännchen Tee mit Milch
Sütlü kahve	Milchkaffee
Türk kahvesi	Türkischer Kaffee

6 Kultur und Natur

Auf dem Verkehrsbüro

Turizm Bürosunda

Ich möchte einen Stadtplan von ... haben.	... 'nin bir şehir plânını istiyorum.
Haben Sie Prospekte von ...?	... prospektüsü var mı?
Haben Sie einen Veranstaltungskalender für diese Woche?	Sizde bu haftanın izlence proğramı var mı?
Gibt es Stadtrundfahrten?	Şehir turları var mı?
Was kostet die Rundfahrt?	Tur kaça?

Sehenswürdigkeiten/Museen

Görülecek Yerler/Müzeler

Welche Sehenswürdigkeiten gibt es hier?	Burada hangi görülecek yerler var?
Wir möchten ... besichtigen.	... 'ı/i gezmek istiyoruz.
Wann ist das Museum geöffnet?	Müze ne zaman açık?
Wann beginnt die Führung?	Dolaştırma/Gezdirme ne zaman başlıyor?
Gibt es auch eine Führung in Deutsch?	Almanca rehber de var mı?

Darf man hier fotografieren?	Burada resim çekilir mi?
Was für ein Platz/eine Kirche ist das?	Burası ne meydanı/hangi kilise?
Ist das ...?	Bu ... mi?
Wann wurde dieses Gebäude erbaut/restauriert?	Bu bina ne zaman yapıldı/onarıldı?
Aus welcher Epoche stammt dieses Bauwerk?	Bu yapı hangi dönemden?
Gibt es in der Stadt noch andere Werke von diesem Architekten?	Şehirde bu mimarın başka yapıları var mı?
Sind die Ausgrabungsarbeiten abgeschlossen?	Kazı çalışmaları tamamlandı mı?
Wo sind die Funde ausgestellt?	Bulunan eserler nerede sergileniyor?
Wer hat dieses Bild gemalt/diese Plastik geschaffen?	Bu resmi/yontuyu kim yaptı?
Gibt es einen Katalog zur Ausstellung?	Serginin bir kataloğu var mı?
Haben Sie das Bild als Poster/Postkarte/Dia?	Bu resmin posteri/posta kartı/slaytı var mı?

Wortliste Sehenswürdigkeiten/Museen

6

Abtei	manastır, dini bölge
Akt	nü
Altar	Hıristiyan kiliselerindeki masa, sunak
Altstadt	eski şehir
antik	antika
Aquarell	sulu boya
Archäologie	arkeoloji
Architekt	mimar
Architektur	mimari
armenisch	Ermeni
Ausgrabungen	hafriyat, kazı
Ausstellung	sergi
Balustrade	tırabzan, korkuluk
Basilika	bazilik
Bauwerk	yapı, bina
Besichtigung	ziyaret, gezme görme
Bibliothek	kütüphane
Bild	resim
~hauer	heykeltraş
Blütezeit	parlak dönemi
Bogen	kemer
Rund~	tam kemer
Spitz~	sivri kemer
~gang	kemer yolu, kemeraltı
Brauchtum	gelenek, görenek
Bronze	bronz, tunç
~zeit	bronz devri
Brücke	köprü
Brunnen	çeşme, kuyu
Burg	kale
Bürgermeister/in	belediye başkanı

Büste	büst
byzantinisch	Bizans
Chor	koro
~gestühl	koro iskemlesi
Christ	Hristiyan
Christentum	Hristiyanlık dini
Dach	dam
Decke	tavan
Deckenmalerei	tavan süslemesi
Denkmal	anıt, heykel
~schutz	tarihi eserleri koruma
Design	desen, dizayn
Dom	katedral, başkilise
dorisch	Doryan
Dynastie	hanedan
Einfluß	etki
Empore	kilisede koroya ayrılan balkon
Epoche	devir
Erker	cumba
Exponat	sergilenen eser
Fassade	bina cephesi
Fenster	pencere
Festung	kale, hisar
Flügel	kanat, cenah
Foto|grafie	fotoğraf
~montage	fotomontaj
Fremdenführer	rehber, kılavuz
Fresko	fresk, duvar ve tavana yapılan resim
Friedhof	mezarlık
Fries	friz
Führung	mihmandarlık, rehberlik
Fundament	temel
Funde	tarihi bulgular

Galerie	galeri
Gebäude	bina
Geburtsstadt	doğum şehri
Gedenkstätte	anma yeri
Geistlicher	din adamı
Gemälde	tablo, resim
~sammlung	resim kolleksiyonu
Geschichte	tarih
Gewölbe	kubbeli tavan
Giebel	fronton
Glasmalerei	cam resim sanatı
Glocke	çan
Gobelin	goblen
Goldschmiedekunst	altın işleme sanatı
Grab	mezar
~mal	anıt-kabir
~stein	mezartaşı
Graphik	grafik
Griechen	Yunanlılar
griechisch	Yunanca, Yunan
Grundriß	yatay kesim
Handelsstadt	ticaret şehri
heidnisch	dinsiz
Hof	avlu, çiftlik
Holz|schnitt	ıstampa, tahta baskı
~schnitzerei	tahta oyması
Ikone	ikon
Illustration	resimleme
Innen|hof	iç avlu
~stadt	şehir merkezi
Inschrift	yazıt, kitabe
Intarsien	kakma işi
ionisch	İyon

islamisch	İslam
Jahrhundert	asır, yüzyıl
Jude	Yahudi
Kaiser/in	imparator / kıraliçe
Kanzel	kürsü
Kapelle	küçük kilise
Kapitell	sütun başlığı
Katakomben	katakomp
Kathedrale	katedral, büyük kilise
Keramik	seramik
Kirche	kilise
Kirchturm	kilise kulesi
Kloster	manastır
~kirche	manastır kilisesi
Konfession	mezhep
König/in	kıral / kıraliçe
Kopie	kopya
korinthisch	Korentyen
Kreuz	haç
~gang	manastır avlusunda sütunlu yol
Kruzifix	krüsifi
Krypta	yeraltı mezarlık
Kultstätte	ibadet yeri
Kunstgewerbe	el işleri
Kupferstich	gravür
Kuppel	kubbe
~bau	kubbeli bina
Landschaftsmalerei	doğa resmi, peyzaj
Langhaus	kilisenin uzunlamasına büyük holü
Leuchter	şamdan, avize
Lithographie	taş baskısı, litoğrafya
Maler/in	ressam
Malerei	ressamlık, resim sanatı

6

Markt	pazar
~halle	hal
Marmor	mermer
Material	malzeme
Mauer	sur
Mausoleum	mozole
Minarett	minare
Mittelalter	ortaçağ
mittelalterlich	ortaçağa ait
Mittelschiff	orta sahın (kilisede)
Modell	model
modern	modern
Mosaik	mozaik
Moschee	cami
Moslem	Müslüman
Museum	müze
Multivisionsschau	mültivizyon şov
Odeon	odeon, konser salonu
Ölmalerei	yağlı boya resim
Oper	opera
Orden *(relig.)*	tekke, mezhep
Orgel	org
Original	orijinal, asıl
Ornament	süsleme, tezyinat
orthodox	Ortodoks
Osmanen	Osmanlı
osmanisch	Osmanlıca
Palast	büyük konak, saray
Pastell	pastel
Pavillon	pavyon
Pergament	parşömen
Perser	Iranlı, Fars
persisch	Iranca, Farsça

Pfeiler	direk, destek, sütun
Strebe~	istinat sütunu
Phönizier	Fenikeli
phönizisch	Fenikece
Pilger/in	hacı
~fahrt	hac yolculuğu
Plakat	afiş
Plastik	yontu, plastik
Platz	yer, meydan
Plünderung	yağma
Portal	büyük kapı
Porträt	portre
Porzellan	porselen
Querschiff	çapraz sahın
Radierung	iğne kazısı
Rathaus	belediye dairesi
Regierungsbau	hükümet binası
rekonstruieren	yinelemek
Relief	rölyef
Religion	din
restaurieren	restore etmek, onarmak
Restaurierung	restorasyon, onarım
Römer	Romalı
römisch	Roma 'ya ait
Rosette	rozet
Ruine	harabe
Ruinenstadt	harabe şehir, antik kent
Rundfahrt	tur
Sakristei	kilise levazım odası
Sandstein	kumtaşı
Sarkophag	lahit
Säule	sütun
Schatzkammer	hazine, dairesi

6

Schiff	sahın
Schloß	şato
Schnitzerei	oyma, işleme
Schule	okul
Sehenswürdigkeiten	görülmeye değer yerler
Seldschuken	Selçuklular
seldschukisch	Selçuklu
Skulptur	yontu
Stadt|mauer	şehir suru
~rundfahrt	şehir turu
Statue	heykel, yonut
Steinzeit	taş devri
Stil	üslub, tarz
Stilleben	natürmort
Stuck	alçı kabartma
Sultan	sultan
Tafelbild	tahta üzerine resim
Tempel	tapınak
Teppich	halı
Terrakotta	terakota
Theater	tiyatro
Töpferei	seramik atölyesi
Tor	büyük kapı
Torso	torso
Totenkult	ölüleri anma töreni
Triumphbogen	takızafer
Turm	kule
Tusche	Çin mürekkebi
Überreste	kalıntı
Universität	Üniversite
Vase	vazo
verbrennen	yakmak
Vierung	kilise alanında kare alan

Volkskundemuseum	halk sanatları müzesi
vorgeschichtlich	tarih öncesi
Wachablösung	nöbet değişimi
Wahrzeichen	alameti farika
Wallfahrtskirche	hacet kilisesi
Wandmalerei	duvar resmi
Weberei	dokumacılık
Werk	yapıt
Früh~	ilk yapıtlar
Spät~	son yapıtlar
wiederaufbauen	yeniden inşa etmek
Zeichnung	resim, çizim
Zitadelle	iç kale

Ausflüge

Geziler

Kann man von hier aus ... sehen?	Buradan ... görülüyor mu?
In welcher Richtung liegt ...?	... hangi istikamette?
Kommen wir am/an ... vorbei?	... 'den/dan geçecek miyiz?
Besichtigen wir auch ...?	... yi/yı de/da gezecek miyiz?
Wieviel freie Zeit haben wir in ...?	... de/da ne kadar boş zamanımız var?
Wann fahren wir zurück?	Ne zaman geri dönüyoruz?
Wann werden wir zurück sein?	Ne zaman dönmüş olacağız?

Wortliste Ausflüge

6

Ausflug	gezi
Aussichtspunkt	manzaralı yer
Bergdorf	dağ köyü
Botanischer Garten	botanik bahçesi
Fischer|hafen	balıkçı limanı
~ort	balıkçı köyü
Freilichtmuseum	açık hava müzesi
Freizeitpark	eğlence parkı
Gebirge	sıradağ, dağlar
Grotte	mağara
Hinterland	art bölge
Höhle	mağara
Höhlenwohnung	mağara ev
Inselrundfahrt	ada turu
Karawanserei	kervansaray
Klippe	kayalık
Land|schaft	manzara, doğa
~sitz	köşk, çiftlik
Lava	lava
Markt	pazar
Museumsdorf	müze köyü
Nationalpark	milli park
Naturschutzgebiet	koruma alanı
Planetarium	planetaryum
Riff	resif
Rund|blick	panorama
~fahrt	tur
Safaripark	safari parkı
Schlucht	boğaz, derbent
See	göl; *(Meer)* deniz
Sternwarte	rasathane

Tagesausflug	günlük gezi
Tal	vadi
Tropfsteinhöhle	damlataş mağarası
Umgebung	çevre
Vogelschutzgebiet	kuş cenneti
Vorort	banliyö
Vulkan	volkan
Wald	orman
~brand	orman yangını
Wallfahrtsort	kutsal yer, ziyaretgâh
Wasserfall	şelale
Wildreservat	av hayvanları koruma bölgesi
Zoo	hayvanat bahçesi

Veranstaltungen/Unterhaltung

İzlenceler/Eğlence

Theater/Konzert/Kino — Tiyatro/Konser/Sinema

Welches Stück wird heute abend (im Theater) gespielt?	Bu akşam (tiyatroda) hangi oyun var?
Was läuft morgen abend im Kino?	Yarın akşam sinemada ne var?
Können Sie mir ein gutes Theaterstück empfehlen?	Bana iyi bir tiyatro oyunu tavsiye edebilir misiniz?
Wann beginnt die Vorstellung?	Oyun/Filim ne zaman başlıyor?

Wo bekommt man Karten?	Biletler nereden alınıyor?
Bitte zwei Karten für heute abend/morgen abend.	Bu akşam/Yarın akşam için iki bilet lütfen.
Bitte zwei Plätze zu ...	... liralık iki yer lütfen.
Zwei Erwachsene, ein Kind.	İki büyük, bir çocuk.
Kann ich bitte ein Programm haben?	Bir program dergisi alabilir miyim?
Wann ist die Vorstellung zu Ende?	Gösteri/Oyun/Temsil ne zaman bitiyor?
Wo ist die Garderobe?	Vestiyer/Gardrop nerede?

Wortliste Theater/Konzert/Kino

Akt	perde
Aufführung	temsil
Ballett	bale
Begleitung	eşlik
Bühne	sahne
Chor	koro
Dirigent	orkestra şefi
Drama	dram
Eintrittskarte	giriş kartı, bilet
Festival	festival
Film	film
~schauspieler/in	sinema artisti
Freilufttheater	açık hava tiyatrosu
Garderobe	gardrop, vestiyer

Inszenierung	sahneye koyma
Kabarett	kabare
Kasse	vezne
Kino	sinema
Freilicht~	açık hava sineması
Kleinkunstbühne	oda tiyatrosu, küçük sahne
Komödie	komedi
Komponist/in	besteci
Konzert	konser
Jazz~	caz konseri
Kammer~	oda konseri
Kirchen~	kilise konseri
Pop~	pop konseri
Sinfonie~	senfoni konseri
Loge	loca
Musical	müzikal
Oper	opera
Operette	operet
Opernglas	opera dürbünü
Orchester	orkestra
Originalfassung	asıl metin
Parkett	salon
Pause	ara, antrak
Premiere	prömiyer
Programm	program
~heft	program dergisi
Rang	derece
Regie	reji, yönetim
Rolle	rol
Haupt~	baş rol
Sänger/in	şarkıcı
Schauspiel	piyes, oyun
Schauspieler/in	oyuncu, artist

Singspiel	küçük operet, şarkılı oyun
Solist/in	solist
Spielplan	oyun planı, repertuvar
Tänzer/in	dansci
Theaterstück	tiyatro oyunu
Tragödie	trajedi
Untertitel	alt yazı
Variété	varyete
Veranstaltungskalender	izlence takrimi
Volksstück	halk oyunu
Vorhang	perde
Vorstellung	seans, gösteri
Vorverkauf	önsatış
Zirkus	sirk

Bar/Diskothek/ Nachtclub — Bar/Disco/ Gece Klübü

Welche typischen Abendveranstaltungen werden hier geboten?	Buranın tipik akşam izlenceleri neler?
Gibt es hier eine gemütliche Kneipe?	Burada rahat bir meyhane var mı?
Wo kann man hier tanzen gehen?	Burada bir diskotek var mı?
Wo werden Bauchtänze aufgeführt?	Göbek dansı gösteriliyor mu?
Ist dort ein eher junges oder älteres Publikum?	Oraya gidenler daha çok gençler mi, yetişkinler mi?

Ist Abendgarderobe erwünscht?	Gece elbisesi ister mi?
Im Eintrittspreis ist ein Getränk enthalten.	Giriş ücretine bir içki dahil.
Ein Bier, bitte.	Bir bira, lütfen.
Das gleiche noch einmal.	Aynısından bir daha.
Diese Runde übernehme ich.	Bu içkiler benden.
Wollen wir (noch einmal) tanzen?	(Bir kere daha) Dans edelim mi?
Wollen wir noch einen Bummel machen?	Bir tur daha atalım mı?

Wortliste Bar/Diskothek/Nachtclub

ausgehen	gezmeğe gitmek, dışarıya çıkmak
Band	müzik grubu
Bar	bar
Bauchtanz	göbek dansı, oryantal dans
Discjockey	discokey
Diskothek	disco
Folklore	folklör
~abend	folklör akşamı
Kneipe	meyhana
Live-Musik	canlı müzik
Modenschau	defile
Nachtclub	gece klübü
Show	şov

Spiel|casino	kumarhane
~halle	kumar/oyun holü
tanzen	dans etmek
Tanz|kapelle	dans orkestrası
~musik	dans müziği
Türsteher	kapıdaki görevli

7 Am Strand/Sport

Im Schwimmbad/Am Strand

Yüzme havuzunda/Plajda

Gibt es hier ein ... Freibad? Hallenbad? Thermalbad?	Burada bir ... var mı? açık yüzme havuzu kapalı yüzme havuzu kaplıca hamamı, ılıca banyoları
Eine Eintrittskarte (mit Kabine), bitte.	(Kabinli) Bir giriş bileti, lütfen.
Nur für Schwimmer!	Yalnız yüzme bilenlere!
Hineinspringen verboten!	Suya atlamak yasak!
Baden verboten!	Yüzmek yasak!
Ist der Strand sandig/steinig/felsig?	Plaj kumlu mu/taşli mı/kayalı mı?
Gibt es hier Seeigel/Quallen?	Deniz kestanesi/denizanası var mı?
Wie weit darf man hinausschwimmen?	Nereye kadar açılınabilir?
Ist die Strömung stark?	Akıntı çok mu?
Ist es für Kinder gefährlich?	Çocuklar için tehlikeli mi?
Wann ist Ebbe/Flut?	Med-cezir ne zaman?
Ich möchte ... mieten. ein Boot ein Paar Wasserski	Bir ... kiralamak istiyorum. kayık çift su kayağı
Was kostet es pro Stunde/Tag?	Saati/Günlüğü kaça?

Sport

Spor

Welche Sportveranstaltungen gibt es hier?	Burada hangi spor gösterileri var?
Welche Sportmöglichkeiten gibt es hier?	Burada hangi sporları yapmak mümkün?
Gibt es hier ...	Burada ... var mı?
einen Golfplatz?	golf sahası
einen Tennisplatz?	tenis sahası
eine Pferderennbahn?	hipodrom
Wo kann man hier angeln?	Burada nerde balık avlanabilir?
Ich möchte mir das Fußballspiel/ das Pferderennen ansehen.	Ben futbol maçını/at yarışını görmek istiyorum?
Wann/Wo findet es statt?	Ne zaman/Nerede olacak?
Was kostet der Eintritt?	Giriş kaça?
Gibt es in den Bergen gute Skipisten?	Dağlarda iyi kayak pistleri var mı?
Um wieviel Uhr ist die letzte Bergfahrt/Talfahrt der Kabinenbahn?	Dağa çıkan/Dağdan inen son teleferik saat kaçta?
Ich möchte eine Bergtour machen.	Ben bir dağ turu yapmak istiyorum.
Können Sie mir eine interessante Route auf der Karte zeigen?	Haritada bana ilginç bir rota çizebilir misiniz?
Wo kann ich ... ausleihen?	Nereden ... ödünç alabilirim?

Ich möchte einen ...kurs machen.	Bir ... kursu yapmak istiyorum.
Welchen Sport treiben Sie?	Hangi sporu yapıyorsunuz?
Ich spiele ...	Ben ... oynuyorum.
Ich bin ein Fan von ...	Ben ... taraftarıyım.
Ich gehe gern ...	... 'a/'e severek gidiyorum.
Kann ich mitspielen?	Bende oynayabilir miyim?

Wortliste Strand/Sport

Aerobic	erobik
Aktivurlaub	aktiv izin
Anfänger	acemi
Angel	balık avlamak
~schein	balık avlama belgesi/ruhsatı
Ausritt	atla gezinti
Bade|bucht	koy/plaj koyu
~meister	plaj/havuz sorumlusu
~steg	iskele
~tuch	plaj havlusu
Badminton	batminton
Ball	top
Basketball	basketbol
Bergsteigen	dağcılık
Boccia	bociya
Bootsverleih	kayık kiralanır
Bowling	bovling
Düne	kumul
Dusche	duş
Eintrittskarte	giriş kartı, bilet
Eis|bahn	buz parkuru

~hockey	buz hokeyi
~kunstlauf	buz pateni
~lauf	buz kayağı, patinaj
Fallschirmspringen	paraşütle atlamak
Federball	uçan top
Fitneßcenter	jimnastik salonu
FKK-Strand	çıplaklar kampı
Freibad	açık hava yüzme havuzu
Fußball *(Spiel)*	futbol
~mannschaft	futbol takımı
~platz	futbol sahası
~spiel	futbol maçı
Golf	golf
~schläger	golf değneği
Gymnastik	jimnastik
Handball	eltopu, hentbol
Hochseefischen	açık denizde balık avı
Jazztanz	caz dansı
Jogging	koşu
Judo	yudo
Kanu	kano
Karate	karate
Kasse	vezne
Kegeln	bovling
Kiesel	çakıl
Konditionstraining	kondisyon çalışması
Kricket	kriket
Kurs	kurs
Langlauf	kondisyon yürüyüşü
Leichtathletik	atletizm
Liege|stuhl	şezlong
~wiese	çim
Loipe	kayak parkuru/yolu

Luftmatratze	deniz yatağı, şişirme yatak
Mannschaft	takım, ekip
Meerwasser-Schwimmbad	deniz sulu havuz
Meisterschaft	şampiyonluk
Minigolf	minigolf
Motor|boot	deniz motörü
~sport	motor sporu
Netz	ağ
Nichtschwimmer	yüzme bilmeyen
Paddelboot	paddelbot
Pferd	at
Pferderennen	at yarışları
Polo	polo oyunu
Privatstrand	özel plaj
Programm	program
radfahren	bisiklete binmek
Rad|rennen	bisiklet yarışı
~sport	bisiklet sporu
~tour	bisiklet turu
Regatta	yelken yarışı
reiten	ata binmek
Reitsport	binicilik sporu
Rennen	yarış, koşma
Ringkampf	güreş
Rodel	kızak
rodeln	kızak kaymak
Ruderboot	kayık
rudern	kürek çekmek
Rugby	rugby
Sand	kum
Sauna	sauna
Schiedsrichter	hakem

Schläger	raket
Schlauchboot	lâstik sandal
Schlepplift	çeken teleferik
Schlittschuhe	paten ayakkabısı
Schnorchel	hava/nefes borusu
Schwimmbad	yüzme havuzu
schwimmen	yüzmek
Schwimmer	yüzücü
Schwimm|flossen	yüzgeç
~flügel	yüzme kolluğu
~ring	can yeleği
Segel|boot	yelkenli (kayık)
~fliegen	deniz kayağıyla uçmak
Segeln	yelkenle gitme
Seilbahn	teleferik
Sessellift	telesiyej
Skateboard	skatebord
Ski	kayak yapma
~ alpin	alp kayağı
~bindung	kayak bağı
~brille	kayak gözlüğü
~kurs	kayak kursu
~laufen	kayak yapma
~lehrer	kayak öğretmeni
~stöcke	kayak değnekleri
Solarium	suni güneşlenme yeri
Sonnenschirm	güneşlik, şemsiye
Spiel	oyun
Sportler/in	sporcu
Sportplatz	spor sahası
Sprungbrett	tramplen
Squash	squash
Start	start, hareket

Strand|bad	plaj
~korb	plaj hasır koltuğu
Surfbrett	sörf
surfen	sörf yapmak
Tagespaß	günlük bilet/vize
Talstation	ova istasyonu
tauchen	dalmak
Taucher|ausrüstung	dalgıç takımı
~brille	dalgıç gözlüğü
Tennis	tenis
~schläger	tenis raketi
Tischtennis	ping-pong, masa tenisi
Tor	kale
~wart	kaleci
Trainerstunde	antreman saati
Tretboot	pedallı sandal
Turnen	jimnastik
unentschieden	berabere
verlieren	yenilmek
Volleyball	voleybol
Wandern	yürüyüş, gezinti
Wanderweg	yürüyüş yolu
Wasserball	su topu
Wellenreiten	plankin, dalgalara binme
Wettkampf	yarışma
Windschirm	rüzgar şemsiyesi
Wochenpaß	haftalık bilet/vize

8 Einkaufen/Geschäfte

Fragen/Preise

Sorular/Fiyatlar

Öffnungszeiten	Açılış saatleri
offen/geschlossen/ Betriebsferien	açık/kapalı/iş tatili
Wo finde ich ... ?	Nerede ... bulabilirim?
Können Sie mir ein ... geschäft empfehlen?	Bana bir ... dükkânı tavsiye edebilir misiniz?
Werden Sie schon bedient?	Size bakılıyor mu?/ Size servis yapılıyor mu?
Danke, ich sehe mich nur um.	Teşekkür ederim, biraz bakmak istiyorum.
Ich möchte ...	... istiyorum.
Haben Sie ...?	Sizde ... var mı?
Zeigen Sie mir bitte ...	Bana ... gösterir misiniz, lütfen.
Bitte ein Paar ...	Lüften bir çift ...
ein Stück ...	bir tane ...
Können Sie mir bitte ein anderes/eine(n) andere(n) ... zeigen?	Bana başka bir ... gösterir misiniz?
Haben Sie auch etwas Billigeres?	Daha ucuzu var mı?
Das gefällt mir. Ich nehme es.	Bu hoşuma gidiyor. Bunu istiyorum.
Wieviel kostet es?	Bu kaça?
Nehmen Sie ... deutsches Geld?	... alıyor musunuz? Alman parası

Euroschecks?	Evroçek
Kreditkarten?	Kredi kartı
Reiseschecks?	Seyahat çeki
Können Sie es mir einpacken?	Paketler misiniz?
Ich möchte dies umtauschen.	Bunu değiştirmek istiyorum.

Wortliste Geschäfte

Antiquariat	sahaf, antikacı
Antiquitätengeschäft	antikacı dükkânı
Apotheke	eczane
Bäckerei	fırın, ekmekçi
Bazar	çarşı, pazar
Blumengeschäft	çiçekçi
Bootsbedarf	kayık malzemesi
Boutique	butik
Buchhandlung	kitabevi
Drogerie	eczacı, itriyatçı
Eisenwarengeschäft	nalbur
Elektrohandlung	elektirik malzemecisi
Feinkostgeschäft	şarküteri
Fischgeschäft	balıkçı
Flohmarkt	bit pazarı
Fotoartikel	fotoğraf malzemesi
Friseur	berber
Gemüsehändler	sebzeci
Haushaltswarengeschäft	ev eşyası mağazası
Juwelier	kuyumcu
Käserei	peynirci
Kaufhaus	büyük mağaza, süpermarket

Konditorei	pastane
Kosmetiksalon	kozmetik salonu
Kunstgewerbe	el işleri
Kunsthändler	galeri
Lebensmittelgeschäft	bakkal, gıda satış mağazası
Lederwarengeschäft	deri eşya mağazası
Markt	pazar, çarşı
Metzgerei	kasap
Milchgeschäft	mandıra, sütçü
Möbelgeschäft	mobilya mağazası
Musikgeschäft	müzik aletleri mağazası, plâk ve kasetçi
Obsthandlung	manav, meyve dükkânı
Optiker	gözlükçü
Parfümerie	parfümcü, parfüm mağazası
Pelzgeschäft	kürkçü
Reinigung, chemische	kuru temizleme salonu
Reiseandenken	hatıra eşya
Reisebüro	seyahat acentası
Schallplattengeschäft	plakçı
Schneider/in	terzi
Schreibwarengeschäft	kırtasiye mağazası
8 Schuhgeschäft	ayakkabı mağazası
Schuhmacher	ayakkabıcı
Secondhand-Laden	eskici
Selbstbedienungsladen	selfservis mağazası
Spielwarengeschäft	oyuncakçı
Spirituosengeschäft	içki satış yeri
Sportartikel	spor malzemesi dükkânı
Supermarkt	süpermarket
Süßwarengeschäft	şekerci, tatlıcı
Tabakladen	tütün bayii, sigaracı
Trödler	eskici

Uhrmacher	saatçi, saat tamircisi
Wäscherei	çamaşırhane
Weinhandlung	şarapçı
Zeitungshändler	gazete bayii

Lebensmittel

Gıda maddeleri

Was darf es sein?	Ne istiyorsunuz?
Geben Sie mir bitte ...	Bana ... veriniz, lütfen.
ein Kilo ...	bir kilo ...
10 Scheiben ...	on dilim ...
ein Stück von ...	bir tane ..., bir parça ...
eine Packung ...	bir paket ...
ein Glas ...	bir kavanoz ...
eine Dose ...	bir kutu ...
eine Flasche ...	bir şişe ...
eine Einkaufstüte	bir poşet
Darf es auch etwas mehr sein?	Biraz fazla olabilir mi?
Darf es sonst noch etwas sein?	Başka bir şey istiyor musunuz?
Dürfte ich vielleicht etwas hiervon probieren?	Bunun tadina bakabilir miyim?
Danke, das ist alles.	Hepsi bu kadar, teşekkürler.

8

Wortliste Lebensmittel

Aal	yılan balığı
Ananas	ananas
Äpfel	elma

Apfelsinen	portakal
Aprikosen	kaysı
Artischocken	enginar
Auberginen	patlıcan
Aufschnitt	salam, sosis dilimleri
Austern	istiridye
Avocado	avokado
Bananen	muz
Barsch	levrek balığı
Basilikum	fesleğen, reyhan
Bier	bira
alkoholfreies ~	alkolsüz bira
Birnen	armut
Blumenkohl	karnıbahar
Bohnen	fasulya
grüne ~	taze fasulya
weiße ~	kuru fasulya
Brombeeren	böğürtlen
Brot	ekmek
Grau~	kepekli ekmek
Kuchen~	pasta ekmeği
Schwarz~	kara ekmek
Weiß~	beyaz ekmek, francala
Brötchen	küçük francala
belegte ~	sandviç
süße ~	açma
Butter	tereyağı
Champagner	şampanya
Datteln	hurma
Dörrfleisch	pastırma
Drehspieß	döner
Eier	yumurta
Eis	buz

Erbsen	bezelye
Kicher~	nohut
Erdbeeren	çilek
Essig	sirke
Feigen	incir
Fisch	balık
Fleisch	et
~klöße	köfte
~spieß	şiş kebap
frisch	taze
Garnelen	karides
Gebäck	kuru pasta
Gemüse	sebze
~ aus Eigenanbau	sebze kendi bahçesinden
gespritzt	ilaçlanmış
Goldbrasse	mercan, çipura
Grieß	irmik
Gurke	salatalık
Hackfleisch	kıyma
Hähnchen	tavuk, piliç
Hammelfleisch	koyun eti
Honig	bal
~kuchen, türkischer	helva
Joghurt	yoğurt
~getränk	ayran
Johannisbrot	keçi boynuzu
Kaffee	kahve
Kalbfleisch	dana eti
Kaninchen	tavşan
Karotten	havuç
Kartoffeln	patates
Käse	peynir
Hart~	kaşar peyniri

Kräuter~	otlu peynir
Weiß~	beyaz peynir
Ziegen~	keçi peyniri
Kastanien	kestane
Kekse	bisküvit
Kindernahrung	çocuk maması
Kirschen	kiraz
Knoblauch	sarmısak
Kohl	lahana
Kokosnuß	Hindistan cevizi
Konserven	konserve
Kotelett	pirzola
Krabben	çingene pavuryası
Kuchen	pasta
Kürbis	kabak
Lakritze	meyankökü hulasası
Lammfleisch	kuzu eti
Lauch	pırasa
Limonade	limonata, limonlu gazoz
Linsen	mercimek
Mais	mısır
Makrele	uskumru
Mandarine	mandalina
Mandeln	badem
Margarine	margarin
Marmelade	reçel, marmelat
Maulbeeren	dut
Mayonnaise	mayonez
Mehl	un
Melone	*(Honig~)* kavun; *(Wasser~)* karpuz
Miesmuscheln	midye (kara kabuk midyesi)
Milch	süt
fettarme ~	yağsız süt

Mineralwasser	maden suyu
Muscheln	midye
Nudeln	makarna
Spaghetti	ince makarna, spageti
Nüsse	fındık
Obst	meyva
Öl	yağ
Oliven	zeytin
Orangensaft	portakal suyu
Oregano	origan
Pampelmuse	greyfurt
Paprika	biber
spitze ~	sivri biber
~schoten	dolmalık biber
Peperoni	acı biber
Petersilie	maydanoz
Pfeffer	kara biber
Pfirsiche	şeftali
Pflaumen	erik
Quark	lor
Rauchfleisch	tütsülü et/füme et
Reis	pilav
Rindfleisch	sığır eti
Rosinen	kuru üzüm
Safran	safran
Sahne	kaymak
Salami	salam
Salat	salata
Kopf~	yeşil salata
Salz	tuz
Sardelle	sardalya
kleine ~	hamsi
Schinken *(gekochter)*	jambon

Schokolade	çikolata
Schweinefleisch	domuz eti
Schwertfisch	kılıç balığı
Seezunge	dil balığı
Sellerie	kereviz
Senf	hardal
Spargel	kuşkonmaz
Spinat	ıspanak
Suppe	çorba
Süßigkeiten	şeker, tatlılar
Tee	çay
~beutel	torba çay
Thunfisch	tonbalığı
Thymian	kekik
Tintenfisch	mürekkep balığı
Toast	tost
Tomaten	domates
Waffeln	gofret, kağıt helvası
Wein	şarap
Rot~	kırmızı şarap
Weiß~	beyaz şarap
Weintrauben	üzüm
Weizengrütze	bulgur
Wurst	sosis
türkische ~	sucuk
Würstchen	sosis
Ziegenfleisch	keçi eti
Zitronen	limon
Zucchini	kabak
Zucker	şeker
Zwiebeln	soğan

Drogerieartikel

Tuvalet Malzemesi

Wortliste Drogerieartikel

Augenbrauenstift	rastık kalemi, kaş boyası
Bürste	fırça
Creme	krem
~ für trockene Haut	krem kuru cilt için
~ für normale Haut	krem normal cilt için
~ für fettige Haut	krem kuru yağlı cilt için
Feuchtigkeits~	nemlendirici krem
Hand~	el kremi
Damenbinden	ped
Deo(dorant)	deodorant
Duschgel	vücut şampuanı
Erfrischungstücher	kolonyalı mendil
Eyeliner	göz boyacı
Fleckenwasser	leke suyu
Haar|bürste	saç fırçası
~entferner	tüy temizleyicisi
~festiger	saç suyu
~gel	jöle
~gummi	saç lastiği
~klammern	saç tokası
~spray	spray
~waschmittel	şampuan
~~ für fettiges Haar	şampuan yağlı saç için
~~ für normales Haar	şampuan normal saç için
~~ für trockenes Haar	şampuan kuru saç için
~~ gegen Schuppen	şampuan kepeğe karşı

Kamm	tarak
Kleiderbürste	elbise fırçası
Kölnisch Wasser	kolonya
Körpermilch	vücüt sütü
Lichtschutzfaktor	güneşe karşı koruma derecesi
Lidschatten	far
Lippenstift	ruj
Lockenwickler	bigudi
Mundwasser	ağız çalkalama suyu
Nagel|bürste	tırnak fırçası
~feile	tırnak törpüsü
~lack	oje
~lackentferner	aseton
~schere	tırnak makası
Papiertaschentücher	kâğıt mendil
Parfüm	parfüm, esans
Pflaster	plaster
Pinzette	cımbız
Präservativ	prezervatif
Puder	pudra
Gesichts~	yüz pudrası
Rasier|apparat	tıraş makinası
~klinge	tıraş bıçağı
~pinsel	tıraş fırçası
~seife	tıraş sabunu
~wasser	tıraş suyu
Reinigungsmilch	makyaj temizleme sütü
Reisenecessaire	tuvalet çantası
Rouge	ruj
Saugflasche	mama şişesi
Schaumfestiger	saç köpüğü
Schnuller	emzik
Schwamm	sünger

Seife	sabun
Sicherheitsnadeln	çengelli iğne
Sonnen|creme	güneş kremi
~öl	güneş yağı
Spiegel	ayna
Spül|bürste	bulaşık fırçası
~mittel	bulaşık suyu
~tuch	kurulama bezi
Tampons	fitil, tampon
Toilettenpapier	tuvalet kağıdı
Wasch|lappen	sabunlama bezi
~lotion	vücut şampuanı
~mittel	çamaşır tozu
Watte	pamuk
~stäbchen	pamuklu çöp
Wimperntusche	rimel
Windeln	çocuk bezi
Zahn|bürste	diş fırçası
~pasta	diş macunu

Tabakwaren

Tütün

8

Ein Päckchen/Eine Stange ... Zigaretten mit/ohne Filter, bitte.	Filtreli/Filtresiz bir paket/bir karton ... sigarası, lütfen.
Haben Sie deutsche/amerikanische/Menthol-Zigaretten?	Sizde Alman/Amerikan/mentollü sigarası var mı?
Welche Marke (leichter/starker Zigaretten) können Sie mir empfehlen?	Bana hangi (hafif/sert) sigarayı tavsiye edersiniz?

Zehn Zigarren/ Zigarillos, bitte.	On puro/küçük puro, lütfen.
Ein Päckchen/Eine Dose Zigaretten-/Pfeifentabak, bitte.	Bir paket/Bir kutu sigara/pipo tütünü, lütfen.
Eine Schachtel Streichhölzer/Ein Feuerzeug, bitte.	Bir kutu kibrit/Bir çakmak, lütfen.

Kleidung/Lederwaren/Reinigung

▶ auch Kap.1 – Farben

Giysi/Deri Eşya/Temizleyici

8

Können Sie mir ... zeigen?	Bana ... gösterebilir misiniz?
Denken Sie an eine bestimmte Farbe?	Hangi renk olsun?
Ich möchte etwas in ...	... renk bir tane istiyorum.
Ich möchte etwas Passendes hierzu.	Buna uyan bir şey istiyorum.
Kann ich es anprobieren?	Prova edebilir miyim?
Welche (Konfektions-) Größe haben Sie?	Kaç numara giyiyorsunuz?
Das ist mir zu ...	Bu bana çok ...
eng/weit.	dar/geniş, bol.
kurz/lang.	kısa/uzun.
klein/groß.	küçük/büyük.
Das paßt gut.	Bu iyi uyuyor.
Ich nehme es.	Bunu alıyorum.

Das ist nicht ganz, was ich möchte.	Bu tam istediğim gibi değil.
Ich möchte ein Paar ...schuhe	Bir çift ... ayakkabı istiyorum.
Ich habe Schuhgröße ...	... numara ayakkabı giyiyorum.
Sie drücken mich.	Bu sıkıyor.
Sie sind zu eng/weit.	Bunlar çok dar/geniş.
Bitte noch eine Tube Schuhcreme/ein Paar Schnürsenkel.	Lütfen, bir kutu daha ayakkabı boyası/ bir çift bağcık.
Ich möchte diese Schuhe neu besohlen lassen.	Bu ayakkabıya yeni pençe yaptırmak istiyorum.
Können Sie bitte die Absätze neu machen?	Topuklarını yeniler misiniz?
Ich möchte diese Sachen reinigen/waschen lassen.	Bunları temizletmek/yıkatmak istiyorum.
Wann sind sie fertig?	Ne zaman hazır olur?

Wortliste Kleidung/Lederwaren/Reinigung

Abendkleid	gece elbisesi
Anorak	anorak
Anzug	erkek elbisesi
Ärmel	elbise kolu
Bade|anzug	mayo
~hose	mayo
~mantel	bornuz
~mütze	lastik başlık
~schuhe	plaj terliği

<table>
<tr><td>Baumwolle</td><td>pamuk</td></tr>
<tr><td>Bikini</td><td>bikini</td></tr>
<tr><td>Blazer</td><td>çeket</td></tr>
<tr><td>Bluse</td><td>buluz</td></tr>
<tr><td>bügelfrei</td><td>ütü istemeyen</td></tr>
<tr><td>bügeln</td><td>ütülemek</td></tr>
<tr><td>Büstenhalter</td><td>sütyen</td></tr>
<tr><td>chemisch reinigen</td><td>kuru temizleme, kimyasal temizleme</td></tr>
<tr><td>Druckknopf</td><td>çıtçıt</td></tr>
<tr><td>Farbe</td><td>renk</td></tr>
<tr><td>Fliege</td><td>papyon</td></tr>
<tr><td>Frottee</td><td>havlu</td></tr>
<tr><td>Futter</td><td>astar</td></tr>
<tr><td>gestreift</td><td>çizgili, reye</td></tr>
<tr><td>Gummistiefel</td><td>lâstik çizme</td></tr>
<tr><td>Gürtel</td><td>kemer</td></tr>
<tr><td>Halbschuhe</td><td>iskarpin</td></tr>
<tr><td>Halstuch</td><td>atkı, eşarp</td></tr>
<tr><td>Hand|schuhe</td><td>eldiven</td></tr>
<tr><td>~tasche</td><td>el çantası</td></tr>
<tr><td>Hausschuhe</td><td>terlik</td></tr>
<tr><td>Hemd</td><td>gömlek</td></tr>
<tr><td>Hose</td><td>pantalon</td></tr>
<tr><td>kurze Hose</td><td>kısa pantalon</td></tr>
<tr><td>Hut</td><td>şapka</td></tr>
<tr><td>Sonnen~</td><td>güneş şapkası</td></tr>
<tr><td>Jacke</td><td>ceket</td></tr>
<tr><td>Jeans</td><td>jin pantolon</td></tr>
<tr><td>Jogging|anzug</td><td>eşofman</td></tr>
<tr><td>~hose</td><td>eşofman altı</td></tr>
<tr><td>kariert</td><td>kareli</td></tr>
<tr><td>Kinderschuhe</td><td>çoçuk ayakkabısı</td></tr>
<tr><td>Kleid</td><td>elbise, giysi</td></tr>
</table>

niestrümpfe	spor çorap, diz çorabı
nopf	düğme
offer	bavul
ostüm	kostüm, giysi
ragen	yaka
rawatte	kravat
unstfaser	sentetik ip
eder|hose	deri pantolon
~jacke	deri ceket
~mantel	deri manto
einen	keten
antel	manto, palto
inirock	mini etek
orgenrock	sabahlık
ütze	kasket
achthemd	gecelik
verall	tulum giysi
lz|jacke	kürk ceket
~mantel	kürk manto
legeleicht	kolay bakımlı
llover	kazak, sveter
jama	pijama
genmantel	yağmurluk, pardösü
isetasche	yolculuk çantası
ißverschluß	fermuar
ck	etek
cksack	sırt çantası
kko	erkek ceketi
ndalen	sandalet, açık ayakkabı
hal	atkı, fular
hirm	şemsiye
huh|e	ayakkabı
~bürste	ayakkabı fırçası

~creme	ayakkabı boyası
~größe	ayakkabı numarası
Seide	ipek
Seiden|strümpfe	ipek çorap
~strumpfhose	ipek külotlu çorap
Shorts	şort
Skihose	kayak pantolonu
Slip	külot
Socken	erkek çorabı
Sohle	ayakkabı pençesi
Sommerkleid	yazlık elbise
Stiefel	çizme
Ski~	kayak çizmesi
Strandschuhe	plaj ayakkabısı
Strickjacke	hırka
Strümpfe	çorap
Strumpfhose	kulotlu çorap
Tasche	çanta
Taschentuch	mendil
Trainingsanzug	eşofman
T-Shirt	T-şirt
Turnschuhe	spor ayakkabısı
Umhängetasche	askılı çanta
Unter|hemd	atlet, fanila
~hose	külot, don
~rock	iç eteklik
~wäsche	iç çamaşır
waschmaschinenfest	çamaşır makinasına dayanıklı
Weste	yelek
Wildleder|jacke	süet ceket
~mantel	süet manto
Wolle	yün

Bücher und Schreibwaren

Kitap ve Kırtasiye

Ich hätte gern ...	... istiyorum.
eine deutsche Zeitung.	Bir Alman gazetesi
eine Zeitschrift.	Bir mecmua (dergi)
einen Reiseführer.	Bir seyahat kılavuzu (rehberi)

Wortliste Bücher und Schreibwaren

Ansichtskarte	manzara kartı
Bleistift	kurşun kalem
~spitzer	kalemtraş
Brief|marke	pul
~papier	mektup kâğıdı
~umschlag	zarf
Farbstift	boyalı kalem
Filzstift	keçe kalem
Füllfederhalter	dolma kalem
Geschenkpapier	hediyelik kağıt
Illustrierte	magazin
Klebstoff	tutkal
Kugelschreiber	tükenmez kalem
Landkarte	harita
Malbuch	resim defteri
Notiz|block	bloknot
~buch	not defteri
Papier	kâğıt
Radiergummi	silgi
Roman	roman
Kriminal~	polisiye roman

Spielkarten	iskambil kağıdı
Stadtplan	şehir plânı
Straßenkarte	yol haritası
Taschenbuch	cep kitabı
Tesafilm	seloteyp
Zeichenblock	resim kâğıdı bloğu
Zeitschrift	dergi, mecmua
Zeitung	gazete

Haushaltswaren

Ev Eşyaları

Wortliste Haushaltswaren

Abfallbeutel	çöp torbası
Alufolie	aluminyum kağıt
Besen	süpürge
Brennspiritus	ispirto
Camping|stuhl	kamp iskemlesi
~tisch	kamp masası
Dosenöffner	konserve açacağı
Eimer	kova
Eßbesteck	çatal, bıçak
Flaschenöffner	şişe açacağı, tirpişon
Frischhaltefolie	selofan
Glas	cam
Grill	ızgara
~anzünder	ızgara kavı
~kohle	odun kömürü
Handfeger	el süpürgesi
Kehrblech	faraş

(erzen	mum
(ochtopf	tencere
(orkenzieher	tirpişon
(ühl|element	soğutma
~tasche	soğutma, buz çantası
'apierservietten	kağıt peçete
'etroleum	petrol
'lastikbeutel	naylon torba, poşet
onnenschirm	plaj şemsiyesi
'aschenmesser	çakı
auchsieder	elektirikli su kaynatma çubuğu
'hermosflasche	termos
Väsche|klammern	çamaşır mandalı
~leine	çamaşır ipi
Vindschirm	rüzgarlık

lektro- und Fotoartikel

lektrik- ve Fotoğraf Malzemesi

:h möchte …	… istiyorum.
einen Film für diesen Fotoapparat.	Bu makina için bir filim …
einen Farbfilm für Papierbilder/Dias.	Bir renkli filim slayt …
einen Film mit 36/20/ 12 Aufnahmen.	36 (otuz altı)/20 (yirmi)/12 (on iki) pozlu bir filim …
önnten Sie mir bitte en Film einlegen?	Lütfen, filmi takar mısınız?
'ürden Sie mir bitte esen Film entwickeln?	Bu filmin bayosunu yapar mısınız?

8

Bitte machen Sie mir je einen Abzug von diesen Negativen.	Bu negatiflerin hepsinden birer poz yapın lütfen.
Welches Format bitte?	Hangi ebatta?
Sieben mal zehn. Neun mal neun.	Yediye on. Dokuza dokuz.
Wünschen Sie Hochglanz oder Seidenglanz?	Parlak mı, mat mı istiyorsunuz?
Wann kann ich die Bilder abholen?	Resimleri ne zaman alabilirim?
Der Sucher/Der Auslöser funktioniert nicht.	Vizör/Deklanşör işlemiyor.
Das ist kaputt. Können Sie es bitte reparieren?	Bu bozuldu. Tamir edebilir misiniz?

Wortliste Elektro- und Fotoartikel

Adapter	adaptör
Auslöser	deklanşör
Batterie	bateri, pil
Belichtungsmesser	fotometre
Blende	diyafram
Blitz|gerät	flaş
~würfel	flaş (dörtköşe) lambası
CD, Compactdisc	CD, kompaktdisk
Film|empfindlichkeit	film hassaslığı
~kamera	film kamerası
~transport	film sevki
Fön	fön
Glühbirne	ampul

assette	kaset
assetten|film	film kaseti
~rekorder	teyp, kaset
opfhörer	kulaklık
autsprecher	hoparlör
inse	mercek
bjektiv	objektif
aßbild	vesikalık resim
challplatte	plak
chwarzweiß-Film	siyah-beyaz film
elbstauslöser	otomatik deklanşör
ativ	sehpa, ayaklık
ecker	fiş
ucher	vizör
uper-8-Film	süper-8-film
aschen|lampe	el feneri
~rechner	cep hesap makinası
eleobjektiv	teleobjektif
erlängerungsschnur	uzatma kordonu, uzatma kablosu
erschluß	obtüratör
deo|film	video filmi
~kamera	video kamerası
~kassette	video kaseti
~rekorder	video rekorder
alkman	walkman

8

eim Optiker

özlükçüde

ürden Sie mir bitte ese Brille/das Gestell parieren?	Bu gözlüğü/çerçeveyi tamir eder misiniz, lütfen?

Mir ist ein Glas meiner Brille zerbrochen.	Gözlüğümün bir camı kırıldı.
Ich bin kurzsichtig/weitsichtig.	Ben miyopum/hipermetropum.
Wie ist Ihre Sehstärke?	Gözlüğünüz kaç derece?
rechts plus/minus ..., links ...	sağ artı/eksi ..., sol ...
Wann kann ich die Brille abholen?	Gözlüğü ne zaman alabilirim?
Ich brauche ... Aufbewahrungslösung Reinigungslösung für harte/weiche Kontaktlinsen.	... ihtiyacım var. Koruma/Saklama sıvısına Temizleme suyuna sert/yumuşak lensler için
Ich suche ... eine Sonnenbrille. ein Fernglas.	... arıyorum. Bir güneş gözlüğü Bir dürbün

8 Beim Uhrmacher/Beim Juwelier

Saatçide/Kuyumcuda

Meine Uhr geht nicht mehr. Können Sie mal nachsehen?	Saatim işlemiyor. Bir bakar mısınız?
Ich möchte ein hübsches Andenken/Geschenk.	Ben güzel bir anı/armağan almak istiyorum.
Wieviel wollen Sie ausgeben?	Aşağı yukarı kaç liralık?

Ich möchte etwas nicht zu Teures.	Çok pahalı bir şey olmasın.

Wortliste Uhrmacher/Juwelier

Anhänger	kolye
Arm|band	bilezik
~banduhr	kol saati
Brosche	broş, iğne
Gold	altın
Kette	zincir
Koralle	mercan
Kristall	kristal
Ohrringe	küpe
Perle	inci
Ring	yüzük
Schmuck	ziynet, süs
Silber	gümüş
Türkis	firuze, türkiz

Beim Friseur

8

Berberde

Kann ich mich für morgen anmelden?	Yarın gelebilir miyim?
Wie hätten Sie gern Ihr Haar?	Saçınızın nasıl olmasını isterdiniz?
Waschen und fönen/legen, bitte.	Yıkanıp fön çekilecek/sarılacak, lütfen.

Schneiden mit/ohne Waschen, bitte.	Yıkayıp/Yıkamadan kesin, lütfen.
Ich möchte eine Dauerwelle.	Perma istiyorum.
Ich möchte mir die Haare färben/tönen lassen.	Saçımı boyatmak/rengini tazeletmek istiyorum.
Ich möchte mir Strähnchen färben lassen.	Meç yaptırmak istiyorum.
Lassen Sie es bitte lang.	Uzun bırakın lütfen.
Nur die Spitzen.	Yalnız uçlarını.
Nicht zu kurz/Ganz kurz/Etwas kürzer, bitte.	Çok kısa olmasın/Çok kısa/ Biraz daha kısa lütfen.
Bitte hinten/vorn/oben/ an den Seiten (noch) etwas wegnehmen.	Arkadan/Önden/Üstten/Kenarlardan biraz alın, lütfen.
Die Ohren sollen frei sein/bedeckt bleiben.	Kulaklar açık/kapalı kalsın.
Den Scheitel links/ rechts, bitte.	Soldan/Sağdan ayrılacak, lütfen.
Einen Messerschnitt, bitte.	Bir ustura traşı, lütfen.
Bitte etwas toupieren.	Biraz kabartın lütfen.
Bitte kein/nur wenig Haarspray.	Lütfen, spray istemez./ Lütfen, çok az spray koyun.

Rasieren, bitte.	Traş edin, lütfen.
Stutzen Sie mir bitte den Bart.	Sakalımı düzeltin, lütfen.
Können Sie mir Maniküre machen?	Bana manikür yapabilir misiniz?
Vielen Dank. So ist es gut.	Çok teşekkür ederim. Böyle iyi.

Wortliste Friseur

Augenbrauen	kaş
~ zupfen	kaş almak
Bart	sakal
blond	sarışın
Dauerwelle	perma
färben	boyamak
fönen	fön çekmek
frisieren	saçını tertiplemek, saç tuvaleti yapmak
Frisur	saç tuvaleti
Haar	saç
fettiges ~	yağlı saç
trockenes ~	kuru saç
Haar|ausfall	saç dökülmesi
~kur	saç kürü
~schnitt	saç kesme, kesimi
~spray	saç sprayı
~teil	saç parçası, yarım perük
kämmen	saç taramak
Koteletten	favori
legen	mizanpli yapmak

Locken	lüle saç
~wickler	bigudi
Perücke	perük
Pony	kâhkül, perçem
sich rasieren lassen	tıraş olmak
Scheitel	saç ayrımı
Schnurrbart	bıyık
Schuppen	kepek
Shampoo	şampuan
Stufenschnitt	kat kat kesim
stutzen	kısaltmak, uçlarını almak
tönen	renk vermek, hafifçe boyamak
Wasserwelle	mizanpli

9 Allgemeine Dienste

Geldangelegenheiten

Para Konuları

Wo ist hier bitte eine Bank?	Nerede banka var?
Wann öffnet/schließt die Bank?	Banka ne zaman açıyor/kapatıyor?
Ich möchte ... DM (Schilling, Schweizer Franken) in türkische Pfund umwechseln.	Mark (Şilin, İsviçre Frankı) karşılığında Türk Lirası istiyorum.
Wie ist heute der Wechselkurs?	Bugün değiştirme kuru nasıl?
Wieviel türkische Pfund bekomme ich für 100 DM?	100 (yüz) Marka kaç Türk Lirası alabiliyorum?
Ich möchte diesen Reisescheck/diesen Euroscheck/diese Postanweisung einlösen.	Bu seyahat çekini/Evroçeki/Posta havelesini almak istiyorum.
Auf welchen Betrag kann ich den Scheck maximal ausstellen?	En çok ne kadar yazabilirim?
Ihre Scheckkarte, bitte.	Çek kartınız, lütfen.
Darf ich bitte Ihren Paß/Ausweis sehen?	Pasaportunuzu/Kimliğinizi görebilir miyim?
Würden Sie bitte hier unterschreiben?	Şurayı imzalar mısınız, lütfen?

Ich möchte ... DM von meinem Konto/Postsparbuch abheben.	Hesabımdan/Posta hesabımdan ... Mark çekmek istiyorum.
Ist Geld auf mein Konto/für mich überwiesen worden?	Kontoma/Benim için para havale edildi mi?
Gehen Sie bitte zur Kasse.	Kasaya gidiniz, lütfen.
Wie wollen Sie das Geld haben?	Parayı nasıl istiyorsunuz?
Bitte nur Scheine.	Yalnız kağıt para/banknot, lütfen.
Auch etwas Kleingeld.	Biraz da bozuk para.
Geben Sie mir bitte drei 10000-Pfund-Scheine und den Rest in Kleingeld.	Lütfen 3 (üç) tanesini 10000 (on bin) lık gerisini bozuk verin.
Ich habe meine Reiseschecks verloren. Was muß ich tun?	Seyahat çekimi kaybettim. Ne yapman lazım?

Wortliste Geldangelegenheiten

bheben	para çekmek
uszahlen	ödemek
Bank	banka
~konto	banka hesabı
~leitzahl	banka numarası
ar	nakit
Bargeld	nakit para
Betrag	yekün, tutar
Devisen	döviz
D-Mark	Alman markı

9

einzahlen	ödemek, yatırmak
Euroscheck	Evroçek
Formular	formüler, belge
Geheimzahl	gizli numara
Geld	para
~automat	para otomatı
~anweisung	para havalesi
~schein	kâğıt para, banknot
~wechsel	para değiştirme
Kleingeld	bozuk para
Konto	hesap
Kreditkarte	kredi kartı
Kurs	rayiç, kur
Münze	madeni para
Post|anweisung	posta havalesi
~sparbuch	posta tasarruf cüzdanı
Provision	komisyon
Quittung	makbuz
Reisescheck	seyahat çeki
Rückzahlungskarte *(Post)*	ödemeli makbuz
Schalter	gişe
Scheck	çek
einen ~ ausstellen	bir çek yazmak
einen ~ einlösen	bir çek tahsil etmek
~buch	çek defteri
~gebühr	çek ücreti
~karte	çek kartı
Schilling	şilling
Schweizer Franken	İsviçre frankı
Spar|buch	hesap defteri
~kasse	banka
~konto	banka hesabı
Überweisung	havale

telegrafische ~	telgraf havalesi
umtauschen	değiştirmek
unterschreiben	imza atmak
Unterschrift	imza
Währung	para birimi
Wechsel|kurs	kambiyo rayici, döviz kuru
~stube	döviz bozdurma yeri
zahlen	ödemek
Zahlkarte	havale/ödeme formu
Zahlung	ödeme
Zahlungsanweisung	ödeme/havale emri

Auf der Post

Postanede

Wo ist das nächste Postamt/der nächste Briefkasten?	En yakın postane/posta kutusu nerede?
Was kostet ein Brief/eine Postkarte ...	... bir mektup/posta kartı kaça gidiyor?
nach Deutschland?	Almanya'ya
nach Österreich?	Avusturya'ya
in die Schweiz?	İsviçre'ye
Drei Briefmarken zu ..., bitte.	... lık üç pul, lütfen.
Diesen Brief bitte per ...	Lütfen bu mektubu ...
Einschreiben.	taahhütlü.
Luftpost.	uçak postası.
Express.	özel ulak.

Wie lange braucht ein Brief nach Deutschland?	Almanya'ya mektup kaç günde gider?
Kann ich bei Ihnen auch Sondermarken bekommen?	Sizde özel pullar da bulunur mu?
Diesen Satz/Je eine Marke, bitte.	Bu seriyi/Birer pul, lütfen.

Postlagernd — Postrestant

Ist Post für mich da? Mein Name ist ...	Benim için posta var mı? İsmim ...
Nein, es ist nichts da.	Hayır, bir şey yok.
Ja, es ist etwas da. Ihren Ausweis, bitte.	Evet, bir şey var. Hüviyetiniz, lütfen.

Telegramme – Telefax — Telgraflar – Telefaks

Ich möchte ein Telegramm aufgeben.	Bir telgraf çekmek istiyorum.
Können Sie mir bitte beim Ausfüllen helfen?	Doldurmak için bana yardım edebilir misiniz?
Was kostet ein Wort?	Kelimesi kaç Lira?
Bis 10 Worte kostet es ..., jedes weitere Wort ...	10 (on) kelimeye kadar ..., ondan sonraki her kelime ...
Kommt das Telegramm heute noch in ... an?	Telgraf ... 'e/a bugün varır mı?
Kann ich bei Ihnen ein Telefax nach ... schicken?	Buradan ... 'a/'e telefaks gönderebilir miyim?

Wortliste Post

▶ auch Wortliste Geldangelegenheiten

absenden	göndermek
Absender	gönderen
Adresse	adres
aufgeben	postalamak
ausfüllen	doldurmak
Bestimmungsort	gideceği yer
Brief	mektup
~kasten	posta kutusu
~marke	pul
~markenautomat	pul otomatı
~träger/in	postacı
~umschlag	zarf
Drucksache	matbua
Eilbrief	ekspres mektup, özel ulak
Einschreibebrief	taahhütlü mektup
Empfänger	alıcı
Empfangsbestätigung	teslim makbuzu, alındı belgesi
Formular	formüler, belge
frankieren	pul yapıştırmak
Gebühr	harç, ücret
Gewicht	gramaj, ağırlık
Hauptpostamt	merkes postanesi
Leerung	boşaltma
Luftpost, mit	uçakla
Nachnahme, per	ödemeli
nachsenden	yeni adrese göndermek
Päckchen	küçük paket
Paket	paket
~karte	paket kartı
Porto	posta ücreti
Post|amt	postane

~karte	posta kartı
~lagernd	postrestant
~leitzahl	şehir posta; numarası
Schalter	gişe
~stunden	gişe saatleri
Sondermarke	özel pul
Telex	teleks
Vordruck	formüler, çizelge
Wertangabe	değer bildirme
Zollerklärung	gümrük beyannamesi

Telefonieren

Telefon Konuşmaları

Dürfte ich wohl Ihr Telefon benutzen?	Telefonunuzu kullanabilir miyim?
Wo ist die nächste Telefonzelle?	En yakın telefon kulübesi nerede?
Können Sie mir bitte eine Telefonmünze/Telefonkarte geben?	Lütfen, bana bir jeton/telefon kartı verir misiniz?
Haben Sie ein Telefonbuch von ...?	Sizde ... telefon rehberi var mı?
Wie ist die Vorwahl von ...?	... kotu kaç?

Vorwahlnummern:
Deutschland: 99/49
Österreich: 99/43
Schweiz: 99/41

Auskunft, bitte, geben Sie mir die Nummer von …	Danışma, bana … 'nin/nın numarasını verir misiniz?
Bitte ein Ferngespräch nach …	… 'a/e telefon edebilir miyim?
Ich möchte ein R-Gespräch anmelden.	Ödemeli bir konuşma yazdırmak istiyorum?
Können Sie mich bitte mit … verbinden?	Bana … 'i/'ı bağlar mısınız?
Gehen Sie in Kabine Nr. …	… numaralı kabine gidiniz.
Die Leitung ist besetzt.	Hat meşgul.
Es meldet sich niemand.	Kimse çıkmıyor.
Bleiben Sie bitte am Apparat.	Telefonu lütfen kapatmayınız.
Hier spricht …	Burada …
Hallo, mit wem spreche ich?	Alo, kiminle konuşuyorum?
Kann ich bitte Herrn/Frau/Fräulein … sprechen?	… beyle/hanımla konuşabilir miyim?
Am Apparat.	Benim.
Ich verbinde.	Bağlıyorum.
Tut mir leid, er/sie ist nicht da/zuhause.	Malesef burada/evde değil.
Wann wird er/sie zurück sein?	Ne zaman gelir?
Kann er/sie Sie zurückrufen?	O sizi arayabilir mi?

Ja, meine Nummer ist ...	Evet, benim numaram ...
Möchten Sie eine Nachricht hinterlassen?	Bir haber bırakmak ister misiniz?
Würden Sie ihm/ihr bitte sagen, ich hätte angerufen?	Telefon ettiğimi ona söyler misiniz?
Könnten Sie ihm/ihr etwas ausrichten?	Bir haber iletir misiniz?
Ich rufe später nochmal an.	Sonra tekrar ararım.
Falsch verbunden.	Yanlış bağlantı.

Man kann mit Telefonmünzen („Jetonı") oder Telefonkarten telefonieren.

Wortliste Telefonieren

abnehmen	açmak
Anruf	telefon
~beantworter	cevap otomatı
anrufen	telefon etmek
Auskunft	danışma, enformasyon
Auslandsgespräch	dış ülke bağlantısı
besetzt	meşgul
Besetztzeichen	meşkul sinyali
Branchenverzeichnis	meslekler rehberi
durchwählen	(santraldan istemeden) doğrudan doğruya çevirmek
Fern|gespräch	telefon konuşması
~sprechamt	telefon santralı
Freizeichen	boş hat sinyali

Gebühr	harç, ücret
Gebühreneinheit	konuşma birimi ücreti
Gespräch	konuşma
Hörer	ahize
Münzfernsprecher	kasalı telefon, jetonlu telefon
Ortsgespräch	şehiriçi telefon konuşması
R-Gespräch	ödemeli konuşma
Rufnummer	telefon numarası
Störungsstelle	şikayet yeri
Telefon	telefon
~buch	telefon rehberi
~gespräch	telefon konuşması
~karte	telefon kartı
~münze	jeton
~nummer	telefon numarası
~zelle	telefon kulübesi
Verbindung	bağlantı
Vermittlung	telefon santralı
Voranmeldung	önceden haber verme, ön kayıt
Vorwahlnummer	şehir numarası/kodu
wählen	çevirmek

Auf der Polizei

Poliste

▶ **auch Kap.3, Auto/Motorrad/Fahrrad – Verkehrsunfall**

Wo ist bitte das nächste Polizeirevier?	En yakın polis karakolu nerede?
Ich möchte einen Diebstahl/Verlust anzeigen.	Bir hırsızlığı/kaybı bildirmek istiyorum.

Mir ist ...	Benim ...
die Handtasche	el çantam
die Brieftasche	cüzdanım
mein Fotoapparat	fotoğraf makinam
mein Auto	arabam
mein Fahrrad	bisikletim
gestohlen worden.	çalındı.
Mein Auto ist aufgebrochen worden.	Arabam açılmış.
Aus meinem Auto ist ... gestohlen worden.	Arabamdan ... çalındı.
Ich habe ... verloren.	Ben ... kaybettim.
Mein Sohn/Meine Tochter ist seit ... verschwunden.	Oğlum/Kızım ... dan beri kayıp.
Dicser Mann belästigt mich.	Bu adam beni rahatsız ediyor.
Können Sie mir bitte helfen?	Lütfen bana yardım eder misiniz?
Wann genau ist das passiert?	Tam ne zaman oldu bu?
Wir werden der Sache nachgehen.	Bunu araştıracağız.
Ich habe damit nichts zu tun.	Benim bununla bir ilgim yok.
Ihren Namen und Ihre Anschrift, bitte.	İsim ve adresiniz, lütfen.
Wenden Sie sich bitte an das deutsche/österreichische/Schweizer Konsulat.	Alman/Avusturya/Isviçre konsolosluğuna baş varun, lütfen.

Wortliste Polizei

anzeigen	ihbar etmek, bildirmek
aufbrechen	zorla girmek, kırarak girmek
Auto|radio	araba radyosu
~schlüssel	araba anahtarı
belästigen	rahatsız etmek
beschlagnahmen	el koymak
Dieb	hırsız
~stahl	hırsızlık
Gefängnis	hapishane
Geldbörse	para çantası
Gericht	mahkeme
Kfz-Schein	trafik kağıdı
Papiere	araba kağıtları
Personalausweis	hüviyet, kimlik
Polizei	polis
~wagen	polis arabası
Rauschgift	uyuşturucu madde
Rechtsanwalt	avukat
Reisepaß	pasaport
Richter	hakim
Schlüssel	anahtar
Schmuggel	kaçakçılık
Schuld	suç
Taschendieb	yankesici
Überfall	baskın
Untersuchungshaft	tutukluluk
Verbrechen	suç, cürüm
Vergewaltigung	ırza tecavüz
verhaften	tutuklamak
verlieren	yenilmek, yitirmek
zusammenschlagen	dövmek

Fundbüro

Kayıp Eşya Bürosu

Wo ist das Fundbüro, bitte?	Afedersiniz, kayıp eşya bürosu nerede?
Ich habe ... verloren.	Ben ... kaybettim.
Ich habe meine Handtasche im Zug vergessen.	El çantamı trende unuttum.
Benachrichtigen Sie mich bitte, wenn sie abgegeben/gefunden werden sollte.	Bulunursa bana haber verin, lütfen.
Hier ist meine Hotelanschrift/Heimatadresse.	Otel/Memleket adresim budur.

10 Gesundheit

In der Apotheke

Eczanede

Wo ist die nächste Apotheke (mit Nachtdienst)?	(Gece nöbeti olan) En yakın eczane nerede?
Geben Sie mir bitte etwas gegen ...	... e/a karşı bir şey verin, lütfen.
Dieses Mittel ist rezeptpflichtig.	Bu ilaç için reçete gerek.
Kann ich darauf warten?	Bekliyeyim mi?/Bekleyebilir miyim?
Wann kann ich es abholen?	Ne zaman alabilirim?

Wortliste Apotheke

▸ auch Wortliste Arzt/Zahnarzt/Krankenhaus

Abführmittel	müshil
Antibabypille	gebeliği önleyici hap
Antibiotikum	antibiyotik
Aspirin	aspirin
Augentropfen	göz damlası
äußerlich	hariçten, dıştan
Beruhigungsmittel	teskin edici ilâç, sinir ilâcı
Brandsalbe	yanık melhemi
Desinfektionsmittel	dezenfekte ilâcı
einnehmen	almak, içmek
Elastikbinde	esnek sargı
vor dem Essen	yemekten önce
nach dem Essen	yemekten sonra
Fieberthermometer	termometre
Gegengift	panzehir

Gurgelwasser	gargara ilâcı
Halstabletten	boğaz hapı
Hustensaft	öksürük şurubu
innerlich	dahilen, içten
Insektenmittel	haşarat ilâcı
Insulin	ensulin
Jod(tinktur)	tentürdiyot
Kamillentee	papatya çayı
Kohletabletten	karbon kompreti
Kopfschmerztabletten	baş ağrısı hapı
Kreislaufmittel	kan dolaşımı ilâcı
auf nüchternen Magen	aç karnına
Magentropfen	mide damlası
Medikament	ilaç
Mittel	ilaç
Mullbinde	gaz bezi
im Mund zergehen lassen	emmek
Nebenwirkungen	yan tesirleri
Ohrentropfen	kulak damlası
Pflaster	plaster
Präservativ	prezervatif
Puder	pudra
Rezept	reçete
Salbe	melhem
Schlaftabletten	uyku hapı
Schmerztabletten	ağrı hapı
Sonnenbrand	güneş yanığı
Tablette	tablet, hap
Traubenzucker	glikoz, üzüm şekeri
Tropfen	damla
Watte	pamuk
Zäpfchen	fitil

Arztbesuch

Doktorda

Können Sie mir einen guten ... empfehlen?	Bana iyi bir ... tavsiye edebilir misiniz?
Arzt	doktor
Augenarzt	göz doktoru
Frauenarzt	kadın doktoru
Hals-Nasen-Ohren-Arzt	kulak-boğaz-burun doktoru
Hautarzt	cild doktoru
Internisten	iç hastalıkları mütehassısı
Kinderarzt	çocuk doktoru
Nervenarzt	sinir doktoru
Praktischen Arzt	pratisiyen doktor
Urologen	ürolog
Zahnarzt	diş doktoru
Wo ist seine Praxis?	Muayenehanesi nerede?
Wann hat er Sprechstunde?	Muayene saatleri ne zaman?
Was für Beschwerden haben Sie?	Ne gibi şikayetleriniz var?
Ich fühle mich nicht wohl.	Kendimi iyi hissetmiyorum.
Ich habe Fieber.	Ateşim var.
Ich kann nicht schlafen.	Uyuyamıyorum.
Mir ist oft schlecht/schwindelig.	Sık sık kötü oluyorum/başım dönüyor.
Ich bin ohnmächtig geworden.	Bayıldım.

Ich bin stark erkältet.	Kuvvetli üşüttüm.
Ich habe ...	Benim ...
Kopfschmerzen.	başım ağrıyor.
Halsschmerzen.	boğazım ağrıyor.
Husten.	öksürüğüm var.
Ich bin gestochen/gebissen worden.	Beni bir şey soktu/ısırdı.
Ich habe mir den Magen verdorben.	Midem bozuldu.
Ich habe Durchfall/ Verstopfung.	İshal/Kabız oldum.
Ich vertrage das Essen/ die Hitze nicht.	Yemeği/Sıcağı kaldıramıyorum.
Ich habe mich verletzt.	Yaralandım.
Ich bin gestürzt.	Düştüm.
Ich glaube, ich habe mir ... gebrochen/verstaucht.	Galiba ... kırıldı/incindi.
Wo tut es weh?	Neresi acıyor?
Ich habe hier Schmerzen.	Buram ağrıyor.
Ich habe einen hohen/ niedrigen Blutdruck.	Tansiyonum yüksek/düşük.
Ich bin Diabetiker.	Şeker hastalığım var./Şekerim.
Ich bin schwanger.	Bir bebek bekliyorum./Gebeyim.
Ich hatte vor kurzem ...	Kısa bir süre önce ... m vardı.
Bitte, machen Sie sich/ Ihren Arm frei.	Üstünüzü çıkarın/kolunuzu açın, lütfen.
Bitte tief einatmen. Atem anhalten.	Derin nefes alınız. Nefesinizi tutunuz, lütfen.

Öffnen Sie den Mund.	Ağzınızı açınız.
Zeigen Sie die Zunge.	Dilinizi gösteriniz.
Husten, bitte.	Öksürün, lütfen.
Wie lange fühlen Sie sich schon so?	Ne zamandan beri böyle hissediyorsunuz kendinizi?
Haben Sie Appetit?	İştahınız var mı?
Ich habe keinen Appetit.	Hiç iştahım yok.
Haben Sie einen Impfschein?	Aşı kağıdınız var mı?
Ich bin gegen … geimpft.	… aşısı oldum.
Sie müssen geröntgt werden.	Röntgeninizin çekilmesi gerekiyor.
Ich brauche eine Blut-/Urinprobe.	Kan/İdrar tahlili gerekiyor.
Ich muß Sie an einen Facharzt überweisen.	Sizi bir mütehassıs doktora havale etmem gerekiyor.
Sie müssen operiert werden.	Ameliyat olmanız gerekiyor.
Sie brauchen ein paar Tage Bettruhe.	Birkaç gün yatakta istirahat etmeniz gerekiyor.
Es ist nichts Ernstes.	Ciddi bir şey değil.
Können Sie mir bitte etwas gegen … geben/verschreiben?	Bana (… için) bir ilaç verir misiniz/yazar mısınız, lütfen?
10 Normalerweise nehme ich …	Normal olarak … alıyorum.
Nehmen Sie eine Tablette vor dem Schlafengehen.	Uyumadan önce bir hap alınız.

Hier ist mein internationaler Krankenschein.	Internasyonal bakım kağıdım burada.
Können Sie mir bitte ein ärztliches Attest ausstellen?	Bana bir rapor yazar mısınız, lütfen?

Beim Zahnarzt

Dişçide

Ich habe (starke) Zahnschmerzen.	Dişim (şiddetli) ağrıyor.
Dieser Zahn (oben/unten/vorn/hinten) tut weh.	(Yukardaki/Aşağıdaki/Öndeki/Arkadaki) Bu diş ağrıyor.
Ich habe eine Füllung verloren.	Bir dolgum düştü.
Mir ist ein Zahn abgebrochen.	Bir dişim kırıldı.
Ich muß ihn plombieren.	Dolgu yapmamız gerekiyor.
Ich behandle ihn nur provisorisch.	Onu yalnız geçici olarak tedavi ediyorum.
Ich muß ihn ziehen.	Onu çekmem lazım.
Dieser Zahn muß eine Krone bekommen.	Bu dişe kron yapmamız lazım.
Geben Sie mir bitte eine/keine Spritze.	Bana iğne yapın/yapmayın, lütfen.
Bitte gut spülen.	İyice çalkalayınız, lütfen.

Können Sie diese Prothese reparieren?	Bu protezi tamir edebilir misiniz?
Kommen Sie in zwei Tagen bitte nochmal zum Nachsehen.	İki gün sonra tekrar kontrola geliniz, lütfen.
Suchen Sie dann zu Hause gleich Ihren Zahnarzt auf.	Döner dönmez diş doktorunuza gidin.

Im Krankenhaus

Hastanede

Wie lange muß ich hier bleiben?	Burada ne kadar kalmam lazım.
Ich habe Schmerzen/Ich kann nicht einschlafen. Geben Sie mir bitte eine Schmerztablette/Schlaftablette.	Ağrım var/Uyuyamıyorum. Acıya karşı bir ilaç/uyku ilacı verin, lütfen.
Wann darf ich aufstehen?	Ne zaman ayağa kalkabilirim?
Geben Sie mir bitte eine Bescheinigung über die Dauer des Krankenhausaufenthalts mit Diagnose.	Bana hastanede kaldığım süre için teşhisli bir rapor veriniz, lütfen.

Wortliste Arzt/Zahnarzt/Krankenhaus

Abszeß	çıban, apse
Ader	damar
Aids	aids

Allergie	alerji
allergisch sein gegen	... 'a/e alerjim var
Anfall	nöbet
Angina	anjin
Anspruchsausweis *(Krankenkasse)*	bakım kağıdı (hastalık kasası)
ansteckend	bulaşıcı, enfeksiyöz
Appetitlosigkeit	iştahsızlık
Arm	kol
Asthma	astma
Atembeschwerden	nefes darlığı
atmen	nefes almak
Attest	rapor
Augen	gözler
Ausschlag	egzantem
Bänderriß	lif kopması
Bauch	karın
Bein	bacak
Bescheinigung	rapor
Besuchszeit	ziyaret saati
bewußtlos	bayılmak, kendini kaybetmek
Blähungen	gaz yapma
Blase	idrar torbası
Blinddarm	körbarsak, apandis
~entzündung	apandisit
Blut	kan
~druck, hoher/niedriger	yüksek/düşük tansiyon
bluten	kanamak, kan gelmek
Blut|erguß	hemoraji, nezif
~gruppe	kan grubu
~probe	kan tahlili
~transfusion	kanaktarım, transfüzyon
~ung	kanama

10

~vergiftung	kan zehirlenmesi
Brechreiz	mide bulantısı
Bronchien	bronşlar
Bronchitis	bronşit
Bruch	karık, fıtık
Brust	göğüs
~korb	göğüs kafesi
Bypass	bypass
Chirurg/in	cerrah, operatör
Cholera	kolera
Darm	barsak
desinfizieren	dezenfekte etmek
Diabetes	şeker hastalığı
Diagnose	teşhis
Diät	pehriz
Diphtherie	difteri
Drüse	beze
Durchfall	ishal, amel
Eiter	cerahat, irin
eitern	cerahat bağlamak, irin tutmak
Ellbogen	dirsek
Entzündung	iltihap
erbrechen, sich	kusmak, istifrağ etmek
erkälten, sich	soğuk almak
erkältet	üşütmüş, soğuk algını
Erkältung	soğuklama, soğuk alma
Facharzt	mütehassıs doktor
Fehlgeburt	çocuk düşürme/düşük
Fieber	ateş
Finger	parmak
Fuß	ayak
Gallenblase	safra kesesi
gebrochen	kırık, kırılmış

Gehirn	beyin
~erschütterung	beyin sarsılması
~schlag	beyin sektesi
Gehör	kulak, işitim
Gelb|fieber	sarı humma
~sucht	sarılık
Gelenk	mafsal, eklem
Geschlechts|krankheit	zührevi hastalık
~organe	cinsiyet organları
geschwollen	şişmiş, kabarmış
Geschwulst	ur
Geschwür	çıban, apse
Gesicht	yüz, çehre
Glieder	üyeler
Grippe	grip
Hals	boyun, boğaz
~schmerzen	boğaz ağrıları
Hämorrhoiden	hemoroid
Hand	el
Haut	deri, cilt
~krankheit	cilt hastalığı
heiser sein	sesi kısılmak
Herz	kalp, yürek
~anfall	kalp krizi
~beschwerden	kalp rahatsızlığı
~fehler	kalp hatası
~infarkt	kalp enfarktüsü, kalp sektesi
~schrittmacher	kalp pili
~spezialist	kalp uzmanı
Heuschnupfen	bahar nezlesi
Hexenschuß	lumbago
Höhensonne	yüksek dağlar güneşi, (suni) ültraviyole lambası

Hüfte	kalça
Husten	öksürük
impfen	aşılamak
Impfpaß	aşı karnesi
Impfung	aşı
Infektion	enfeksiyon
Infusion	infüzyon
Ischias	siyatik
Keuchhusten	boğmaca
Kiefer	çene
Kinderlähmung	çocuk felci
Knie	diz
Knöchel	ayak bileği kemiği
Knochen	kemik
~bruch	kemik kırılması
Kolik	kolik
Kopf	baş
~schmerzen	baş ağrısı
Krampf	kramp
krank	hasta, rahatsız
Kranken|haus	hastahane
~kasse	sağlık sigortası
~schein	sağlık sigortası belegesi
~schwester	hemşire
Krankheit	hastalık
Krebs	kanser
Kreislaufstörung	kan dolaşımı bozukluğu
Krone	kuron
Lähmung	felç, inme
Lebensmittelvergiftung	gıda zehirlenmesi
Leber	karaciğer
Leistenbruch	bel fıtığı
Lippe	dudak

Loch *(im Zahn)*	delik (dişte)
Lunge	akciğer
Lungenentzündung	zatürre
Magen	mide
~schmerzen	mide ağrıları
Malaria	sıtma
Mandelentzündung	bademcik iltihabı
Mandeln	bademcik
Masern	kızamık
Menstruation	aybaşı, âdet görme
Migräne	migren, baş ağrısı
Mittelohrentzündung	orta kulak iltihabı
Mumps	kabakulak
Mund	ağız
Muskel	adele
nähen	dikmek
Narbe	yara izi
Narkose	narkoz
Nase	burun
Nasenbluten	burun kanaması
Nerv	sinir
nervös	sinirli
Niere	böbrek
Nieren|entzündung	böbrek iltihabı
~stein	böbrek taşı
Ohnmacht	bayılma
Ohr	kulak
Operation	operasyon, ameliyat
Plombe	dolgu
Pocken	çiçek
Praxis	muayenehane
Prellung	yara, bere alma
Prothese	protez

Puls	nabız
Quetschung	ezilme
Rheuma	romatizma
Rippe	kaburga
röntgen	röntgen
Röntgenaufnahme	röntgen filmi
Röteln	kızamıkçık
Rücken	sırt
~schmerzen	sırt ağrısı
Rückgrat	omurga, bel kemiği
Rücktransport	geri sevkiyat
Salmonellen	bağırsak basili
Schädel	kafatası
Scharlach	kızıl
Schiene	kırık tahtası
Schienbein	baldır kemiği
Schlaflosigkeit	uykusuzluk
Schlaganfall	felç, inme
Schlüsselbein	köprücük kemiği
Schmerzen	sancı, ağrı
Schnittwunde	bıçak yarası, kesik
Schnupfen	nezle
Schulter	omuz
Schüttelfrost	nöbet titremesi
Schwangerschaft	gebelik
Schweiß	ter
Schwellung	şiş, şişme, şişkinlik
Schwindel	baş dönmesi
schwitzen	terlemek
Seitenstechen	böğür sancısı
Sodbrennen	miğde yanması
Sonnenstich	güneş çarpması
Speiseröhre	yemek borusu

Sprechstunde	muayene saati
Spritze	iğne
Station	koğuş, kısım
Stich	sokma, dalama
Stirnhöhlenentzündung	sinüzit
Stuhlgang	dışarı çıkma, büyük aptes
Tetanus	tetanos
Trommelfell	kulak zarı
Typhus	tifo
Übelkeit	iç bulantısı
Ultraschalluntersuchung	ultrases muayenesi
Unterleib	karnın altı
Untersuchung	muayene
Urin	idrar
Verband	sargı malzemesi
verbinden	bağlamak, pansıman yapmak
Verbrennung	yanma
Verdauung	sindirim, hazım
Verdauungsstörung	hazımsızlık
Vergiftung	zehirlenme
verletzen	yaralamak
Verletzung	yaralanma
verschreiben	reçete yazmak
verstaucht	incinmiş, burkulmuş
Verstopfung	peklik, kabız
Virus	virüs
Wartezimmer	bekleme odası
weh tun	acımak, sancımak, ıstırap vermek
Windpocken	su çiçeği
Wirbelsäule	belkemiği
Wunde	yara
Zahn	diş
Backen~	azı dişi

Schneide~	kesici diş
~fleisch	diş eti
~schmerzen	diş ağrısı
Zehe	ayak parmağı
Zerrung	sinir zedelenmesi
ziehen *(Zahn)*	çekmek
Zunge	dil

Wörterbuch Deutsch–Türkisch

Das themenbezogene Vokabular finden Sie in den Wortlisten der Kapitel 1–10.

A

ab -den, -dan itibaren
abbestellen *(Zimmer, Fahr-, Flugkarten)* iptal etmek
abbrechen koparmak, kesmek
Abend akşam; **am** ~ akşamleyin, akşamüstü
aber ama, fakat
abfahren (von) hareket etmek, kalkmak
Abfall çöp
abgeben teslim etmek, bırakmak
abgelegen sapa, uzak
abholen almak, karşılamak; ~ **lassen** aldırmak, karşılatmak
Abkürzung kısaltma; *(Weg)* kestirme
abladen indirmek
ablaufen süresi dolmak, bitmek
ablehnen reddetmek, yadsımak
abnehmen kaldırmak, çıkarmak; *(dünner werden)* zayıflamak, azalmak
Abreise yola çıkış, hareket
abreisen (nach) hareket etmek, yola çıkmak
Absatz ökçe; paragraf
Abschied nehmen vedalaşmak, ayrılmak
abschließen sona erdirmek, kapatmak
Abschnitt *(Kontroll~)* kontrol parçası
Absicht niyet
absichtlich bilerek, kasıtlı
Abstand ara, mesafe
abstellen koymak; stop etmek
abwärts aşağıya doğru
abwesend yok, olmayan
achtgeben (auf) dikkat etmek
Achtung dikkat
Adresse adres
adressieren adres yazmak
Ägäis Ege Denizi
Agentur acenta
ähnlich benzer
Ahnung sezi, bilgi; **keine ~!** bilgim yok! haberim yok!
akklimatisieren, s. ~ yeni bir ortama alışmak
Algen deniz yosunu
alle hepsi, tümü; **auf** ~ **Fälle** mutlaka, herhalde; ~ **Tage** her gün; ~ **zwei Stunden** her iki saatte
allein yalnız
alles hepsi
allgemein genel (olarak); **im ~en** genellikle, umumiyetle
als *(zeitlich)* iken, -ken; *(bei Vergleich)* daha; **nichts** ~ başka birşey değil, olsa olsa; ~ **ob** sanki, -mış gibi
also öyleyse, demek ki
alt yaşlı; *(nicht frisch)* bayat; *(aus früheren Zeiten)* eski (zamanlardan)
Alter yaş
Amt *(Dienststelle)* resmi daire
amtlich resmi
amüsieren, s. ~ eğlenmek, hoş vakit

geçirmek
an yanında, üstünde; **am Abend** akşamleyin, akşamüstü; **am Menderes** Menderes kıyısında; **am Sonntag** pazar günü(nde)
Anatolien Anadolu
anbieten sunmak, teklif etmek
Andenken hatıra, anı
andere, der ~ diğeri, öbürü; **ein ~r** başka biri
andermal, ein ~ başka bir defa
ändern değiştirmek
anders *adv* diğer
anderswo başka bir yerde
anderthalb bir buçuk
Anfang başlangıç
anfangen başlamak
Angabe ifade, bildirme; **~n machen** ifade vermek, bildirmek; **nähere ~n** ayrıntılı ifade
Angelegenheit iş, sorun; **eine ~ erledigen** bir sorunu halletmek, bir işi bitirmek
angeln balık avlamak
angenehm hoş, rahat
Angst korku
anhalten durmak
Anhänger römork
anklopfen kapıya vurmak, kapıyı çalmak
Anlage *(el)* tesisat; *(Grün~)* park; *(Brief)* ek, ilişikteki
Anlaß *(Grund)* sebep, neden; *(Gelegenheit)* fırsat
anmachen *(Licht)* açmak, yakmak
anmelden *(ankündigen)* kaydettirmek, yazdırmak; *(angeben)* beyan etmek
Annahme kabul; *(Vermutung)* tahmin, sanı
annehmen kabul etmek, onaylamak; *(vermuten)* tahmin etmek, sanmak
anprobieren prova etmek, denemek
anrufen telefon etmek
anschauen seyretmek, bakmak
anscheinend *adv* görünen, anlaşılan
Anschrift adres
ansehen bakmak, gözden geçirmek
Ansicht görünüş, manzara; *(Meinung)* düşünce, görüş
anspringen *(Motor)* işlemek
anstatt yerine
anstrengend yorucu, zor
Anstrengung yorgunluk, emek, çaba
Antwort cevap, yanıt
antworten cevap vermek, yanıtlamak
anwenden uygulamak
Anwendung uygulama
anwesend hazır, mevcut, var
Anzeige *(Inserat)* ilan
anziehen *(Kleidungsstück)* giymek, giydirmek; **s.** ~ giyinmek
anzünden yakmak, tutuşturmak
Apfel elma
Apparat *(Foto)* fotoğraf makinası; *(Radio)* radyo
Appetit iştah
Ararat Ağrı
Arbeit iş, çalışma, uğraş; *(Anstellung)* memuriyet
arbeiten çalışmak, uğraşmak, işlemek
arbeitslos işsiz
ärgern, s. ~ über kızmak, öfkelenmek
arm fakir, yoksul
Art biçim, tarz, tür
Artikel *(Ware, Zeitung)* madde
Asiate Asyalı
Asiatin Asyalı (kadın)
Asien Asya
Atem nefes, soluk
auch de/da, dahi; ~ **nicht** de/da değil
auf (1) *prp* üstüne, üstünde; ~ **der Reise** gezide; ~ **der Straße** caddede; ~ **die/der Post** postanede; ~

einmal birden bire; ~ **türkisch** Türkçe olarak

auf (2) *(offen)* açık

aufbewahren saklamak, kaldırmak

aufbrechen kırmak; kalkmak, gitmek

Aufenthalt durma, dinlenme, kalınan yer; *(Zug)* mola, rötar

auffordern davet etmek, taleb etmek, emretmek

aufgeben *(Gepäck)* yollamak, sevkettirmek, (emanete) teslim etmek; *(Post)* postalamak, göndermek

aufhalten, s. ~ kalmak, bulunmak

aufhängen asmak, takmak

aufhören bitmek, kesilmek

aufladen yüklemek, doldurmak

aufmachen açmak, çözmek

aufmerksam dikkatli, nezaketli

Aufnahme *(Empfang)* kabul, kayıt, yazılma; *(Foto)* resim, foto

aufnehmen *(Foto)* çekmek

aufpassen (auf) dikkat etmek

aufpumpen şişirmek

aufrufen çağırmak

aufschieben ertelemek

aufschreiben kaydetmek, yazmak

Aufschub tehir, geciktirme, erteleme

Aufseher *(Wächter)* gözcü, bekçi

aufstehen ayağa kalkmak; *(aus dem Bett)* yataktan kalkmak

aufstellen yerleştirmek, sıralamak

aufwachen uyanmak

aufwärts yukarıya doğru

aufwecken uyandırmak

Aufzeichnung kayıt, not

Auge göz

Augenblick an

aus *(Herkunft)* -den/-dan; ~ **Ankara** Ankara'dan; **ein Kleid ~ Seide** ipekten/ipekli bir giysi; *(Grund)* için, yüzün den; ~ **diesem Grund** bu nedenle

Ausbildung eğitim

Ausdruck ifade, anlatım, deyiş

ausdrücklich sarih, apaçık

Ausfahrt *(Auto)* çıkış yolu

ausführen *(Arbeit)* yapmak, uygulamak

ausführlich etraflıca

Ausgaben masraf, harcama

Ausgang çıkış

ausgeben sarf etmek, harcamak

ausgehen *(Haus verlassen)* dışarı çıkmak; *(Licht)* sönmek

ausgeschlossen imkânsız, olanaksız, olamaz

ausgezeichnet mükemmel, fevkalâde, kusursuz

Auskunft danışma, enformasyon; ~ **einholen** danışmak, bilgi almak

Ausland yabancı ülke, yurt dışı; **im/ins** ~ yurt dışında/dışına

Ausländer yabancı, ecnebi

ausländisch yabancı, ecnebi

ausmachen kapatmak; kararlaştırmak

Ausnahme istisna, ayrık

auspacken *(Koffer)* açmak, ortaya dökmek

ausreisen ülke dışına çıkmak

ausrichten bildirmek; düzenlemek

ausruhen, s. ~ dinlenmek

aussehen görünmek, benzemek

außen dışarıda; **von** ~ dışarıdan

außer dışında, başka

außerdem bundan başka, ayrıca

außergewöhnlich olağanüstü, alışılmadık

außerhalb dışında

äußerlich dıştan, görünüşte

Aussicht manzara, görüş sahası; *(Möglichkeit)* olasılık

Aussprache telaffuz, söyleniş, ağız

aussprechen söylemek, ifade etmek; telaffuz etmek

Ausstattung donatım

aussuchen seçmek, ayırmak, beğenmek
Austausch değiştirme, değiş tokuş
austauschen değiştirmek, (karşılıklı) alıp vermek
ausüben *(Beruf)* çalışmak, yapmak, uygulamak
Ausverkauf tasfiye satışı, kapalı gişe
Auswahl seçme, ayırma, beğenme
Ausweis *(Personal~)* kimlik, hüviyet
ausziehen *(Wohnung verlassen)* taşınmak, çıkmak; *(Kleidungsstück)* çıkarmak; **s.** ~ soyunmak
Auto araba, otomobil; ~ **fahren** (araba) kullanmak, sürmek
Automat *(Waren)* otomat
automatisch otomatik, kendiliğinden

B

Baby bebek
Bad banyo, hamam
baden *(Wanne)* yıkanmak, banyo yapmak; *(schwimmen)* yüzmek
Badeort kaplıca, ılıca
bald yakında, birazdan; **so** ~ **wie möglich** en kısa zamanda
Balkan Balkanlar
Ball top; *(Fest)* balo
Band (1) *n (aus Stoff)* şerit, bant, bağ
Band (2) *m (Buch)* cilt
Band (3) *f (Orchester)* caz orkestrası; müzik grubu
Bank (1) *(Geldinstitut)* banka
Bank (2) *(Sitz~)* sıra, kanape
bar zahlen peşin ödemek, nakden ödemek
Batterie batarya, pil
bauen yapı yapmak, inşa etmek
Bauer *(Landwirt)* köylü, çiftçi
Bauernhof çiftlik
Baum ağaç
beabsichtigen niyet etmek, tasarlamak
beachten hesaba katmak, dikkate almak
Beanstandung şikayet
beantworten cevaplandırmak, yanıtlamak
bearbeiten üzerinde çalışmak; işlemek
Becher bardak
Bedauern üzüntü, esef
bedauern üzülmek, acımak
bedecken örtmek, kapamak
bedeuten anlamına gelmek
bedeutend önemli, büyük
Bedeutung *(Sinn)* anlam, mana; *(Wichtigkeit)* önem
bedienen hizmet etmek
Bedienung garson, servis
Bedingung koşul, şart, kayıt
beeilen, s. ~ acele etmek
beenden bitirmek, sonuçlandırmak
befinden, s. ~ bulunmak, (b. y. de) olmak
befolgen uymak, yerine getirmek, (b. emri) dinlemek
befördern yollamak, sevketmek
befreundet sein arkadaş olmak
befriedigt hoşnut, memnun
befürchten korkmak, endişe etmek
begegnen karşılaşmak, raslamak
begeistert (von) hayran, coşkun
Beginn başlangıç
beginnen başlamak
begleiten birlikte gitmek, refakat etmek
Begleitung eşlik, refakat
begrüßen selamlamak, karşılamak
behalten alıkoymak, tutmak
Behälter kap, bidon, depo
behandeln muamele etmek, davranmak

Behandlung işlem, muamele; *(med)* tedavi
behaupten ileri sürmek, iddia etmek, savında olmak
behilflich, jdm ~ sein yardımcı, birine yardım etmek
Behörde resmi daire
bei *(nahe)* yanında, yakınında; ~ **Tag/Nacht** gündüzleyin, geceleyin; ~ **Tisch** sofrada; ~ **diesem Wetter** bu havada; ~**m Essen** yemekte
beide her iki, ikisi
Beifall alkış
Beileid baş sağlığı
beinahe hemen hemen, az kalsın, nerdeyse
Beispiel örnek, misal; **zum ~** örneğin, mesela
beißen ısırmak
bekannt tanınmış, bilinen; **jdn mit jdm ~ machen** tanıştırmak, takdim etmek; ~ **sein** tanınmış olmak
Bekannte, der, die ~ tanıdık, ahbap
Bekanntschaft tanışma
beklagen, s. ~ (über) şikayetçi olmak, yakınmak
bekommen almak, elde etmek
belästigen rahatsız etmek, huzur kaçırmak, sataşmak
belegen, einen Platz ~ (b. yeri) kapatmak, rezerve etmek, ayırmak
beleidigen hakaret etmek, aşağılamak
Beleidigung hakaret, aşağılama
beleuchtet aydınlanmış, ışıklandırılmış
Belgien Belçika
Belgier/in Belçikalı
Belieben, nach ~ keyfe göre, arzulandığı gibi
belohnen ödüllendirmek, mükafatlandırmak
Belohnung ödül, mükafat
bemerken farkına varmak, görmek; *(sagen)* söylemek, değinmek, (b. şeye) dikkati çekmek
bemühen, s. ~ yorulmak, zahmete girmek
benachrichtigen haber vermek, bildirmek
Benehmen davranış, tutum, nezaket
benötigen gereksinmek, ihtiyacı olmak
benutzen kullanmak, yararlanmak; *(Verkehrsmittel)* binmek
Benzin benzin
beobachten gözetlemek, izlemek
bequem rahat, konforlu
Bequemlichkeit rahatlık
berechnen hesap etmek, saymak
berechtigt izinli, yetkili, haklı
bereit hazır
bereits önceden
Berg dağ
bergab yokuş aşağı, inişli
bergauf yokuş yukarı, çıkışlı
Bericht haber, rapor, bildiri
Beruf meslek, iş
beruhigen, s. ~ sakinleşmek, durulmak
berühmt ünlü, meşhur
berühren dokunmak, değmek
Berührung dokunma, değiş
beschädigen zedelemek, zarar vermek
Beschädigung zarar, hasar, bozukluk
beschaffen *verb* sağlamak, temin etmek, bulmak
beschäftigt meşgul
Bescheid cevap, karşılık
bescheinigen tasdik etmek, onaylamak, belgelemek
beschleunigen hızlandırmak, çabuklaştırmak
beschließen karar vermek, sona erdirmek

beschreiben tanımlamak, betimlemek
beschützen korumak
Beschwerde şikayet
beschweren, s. ~ **(über)** şikayet etmek, yakınmak
besetzt *(Platz, voll)* dolu, tutuldu
besichtigen gezmek, dolaşmak
Besitz varlık, mal mülk, mülkiyet
besitzen sahip olmak
Besitzer mal sahibi
besonders özellikle, bilhassa
besorgen temin etmek, yerine getirmek
besorgt kaygılı, tasalı, merak içinde
Besorgung tedarik, temin
besser daha iyi
bestätigen tasdik etmek, onaylamak
beste(r, -s) en iyisi
bestehen devam etmek, ibaret olmak; ~ **auf** israr etmek, direnmek; ~ **aus** (b. ş. den) oluşmak, meydana gelmek
bestimmt *adj* belli; *adv* kesin, kararlı
Besuch ziyaret, konukluk
besuchen, jdn ~ konuk gitmek, ziyaret etmek
beten dua etmek
betrachten bakmak, seyretmek; *(ansehen als)* gözüyle bakmak, addetmek
beträchtlich büyük, muazzam
Betrag tutar, miktar
betragen davranmak; tutarında olmak
betreffend ilişik, dair
betreten girmek, ayak basmak
betrinken, s. ~ sarhoş olmak, içki içmek
Betrug *(Gaunerei)* aldatma, kandırma; *(Handel)* dolandırma
betrügen aldatmak, dolandırmak
betrunken şarhoş, içkili; *(leicht)* çakır keyif
Bett yatak; **zu** ~ **gehen** yatmak
beunruhigen, s. ~ huzursuzlanmak, tedirgin olmak
beurteilen hüküm vermek, değerlendirmek
Beutel torba, kese
bevor önce
bewachen korumak, gözetlemek
bewegen hareket ettirmek
bewegt *(Gefühl)* hisli, duygulu; *(Meer)* dalgalı, hareketli
Bewegung hareket, devini
Beweis kanıt, delil, ispat
beweisen kanıtlamak, ispatlamak
Bewohner oturan, sakin
bewundern hayran olmak
bewußt bilinçli, kasıtlı
bezahlen ödemek
bezaubernd büyüleyici, pek alımlı
Bezeichnung etiket, tanım
beziehen, s. ~ **auf** dayanmak, ilişki kurmak
biegen bükmek, eğmek
Biene arı
bieten teklif etmek, ikram etmek
Bild *(Foto)* resim, fotoğraf; *(Abbildung)* kopya; *(Gemälde)* tablo
bilden oluşturmak, kurmak
billig ucuz
binden bağlamak, ilmiklemek
Bindfaden sicim, bağcık
Birne armut; *(el)* ampul
bis -e kadar, -e değin; ~ **jetzt** şimdiye kadar
bißchen, ein ~ birazcık
bitte lütfen; *(Antwort auf Dank)* bir şey değil; **wie** ~? efendim?
Bitte dilek, rica
bitten, jdn um etw ~ b. inden b. ş. rica etmek
bitter acı
Blatt yaprak, gazete
bleiben kalmak
bleich solgun, sapsarı

Blick bakış; *(Ausblick)* görünüş, manzara
blind kör
blinken sinyal vermek, yanıp sönmek
Blitz *(Wetter)* şimşek; *(Foto)* flaş
blöd(e) aptal, bön
blühen açmak, çiçeklenmek
Blume çiçek
Boden yer; *(Fuß~)* taban, döşeme
Boot kayık
Bord, an ~ gehen gemiye binmek
böse kötü, fena; *(verärgert)* kızgın, dargın
Bosporus Boğaziçi
Botschaft *(dipl. Vertretung)* büyükelçilik
Brand yangın
Braten kızartma et
braten kızartmak; *(in der Pfanne)* kavurmak
brauchen gereksinmek, faydalanmak; *(Zeit)* lâzım olmak, gerekmek
braun kahverengi, esmer; *(gebräunt)* esmerleşmiş, güneş yanığı; *(Haar)* kahverengi
brechen kırmak
breit geniş
brennen yanmak
Brief mektup
Brieftasche cüzdan
Briefwechsel mektuplaşma
Brille gözlük
bringen *(her~)* getirmek; *(weg~)* götürmek
Bruder erkek kardeş
Brunnen kuyu, çeşme
Buch kitap
buchen *(Platz)* yer ayırtmak, bilet almak
Büchse teneke kutu; *(Konserve)* konserve kutusu
buchstabieren harfleri söylemek, hecelemek
Bucht körfez, koy
Bügeleisen ütü
Bummel gezinti, dolaşma
Bund demet, bağ
bunt renkli; *(abwechslungsreich)* değişik, zengin
Büro yazıhane, büro
Bürste fırça
bürsten fırçalamak
Busch çalılık

C

Café kahvehane
Chauffeur şoför, sürücü
Chef şef, müdür
Chor koro
Cousin/e kuzen, yeğen

D

da *(Ort)* orada, şurada; *(Grund)* zira, çünkü; *(Zeit)* o an, o zaman
dafür sein (b. ş. den) yana olmak, kabul etmek, onaylamak
dagegen sein karşı olmak, reddetmek
daheim evde, yuvada
daher *(Grund)* ondan dolayı, o nedenle
damals o zaman
Dame bayan, hanım
danach ondan sonra, daha sonra
Dank teşekkür
dankbar müteşekkir
danken teşekkür etmek
dann sonra, öyleyse
das bu, şu
dasein bulunmak, mevcut olmak
daß ki

dasselbe aynısı
Datum tarih, gün
Dauer süre
dauern sürmek, devam etmek
dazu buna, ona
Decke *(Bett~)* yorgan, battaniye; *(Zimmer~)* tavan
defekt bozuk
dein senin
demnächst pek yakında
denken an düşünmek
denn çünkü, zira
derselbe aynı
deshalb bunun için
deutlich açık, belirgin
deutsch Alman, Almanca
Deutsche, der, die ~ Alman (yurttaşı)
Deutschland Almanya
Dia diya, slayt
Diagnose teşhis, tanı
dich seni
dicht *(Nebel)* yoğun, kalın; *adv* yakın, yanında; ~ **dabei** yanıbaşında
dick şişman; *(geschwollen)* şiş
dienen hizmet etmek
Dienst hizmet, servis
diese(r, -s) bu, şu
Ding şey, nesne
dir sana
direkt doğrudan; *(sofort)* hemen, derhal
Direktion yönetmenlik, müdürlük
Direktor müdür, yönetmen
doch elbette, evet
Doktor doktor, hekim
Dokument belge, evrak
doppelt çift
Dorf köy
dort orada; ~ **oben/unten** yukarda/aşağıda
dorthin oraya
Dose (teneke) kutu
Draht tel
draußen dışarıda
drehen çevirmek, döndürmek
drin(nen) içinde, içeride
dringend acele, ivedi
dritte(r, -s) üçüncü
Drittel üçte bir
drittens üçüncüsü
drüben karşıda, ötede
drücken *(stoßen)* kaldırmak, yüklenmek, bastırmak
du sen
dumm aptal, akılsız
dunkel karanlık, koyu
dünn ince, zayıf
durch *(quer ~)* ortasından, arasından; *(mittels)* ile; *(Passiv)* tarafından
durchaus nicht kesinlikle değil, hiç değil, katiyen
Durchfahrt transit, durmadan geçiş
Durchgang geçit yeri
Durchreise transit; **auf der** ~ transit yolculukta, gelip geçişte
durchschnittlich *adj* sıradan, bayağı; *adv* ortalama
dürfen izinli olmak
Durst susuzluk
durstig sein susamak

E

eben (1) *(flach)* düz
eben (2) *(zeitlich)* biraz önce, demin
Ebene ova, düzey
echt gerçek, hakiki
Ecke köşe
Ehe evlilik
Ehefrau evli kadın, karı
Ehemann evli erkek, koca
Ehepaar karıkoca
eher *(lieber)* daha çok, daha severek,

seve seve
Ehering nikâh yüzüğü, alyans
Ehre onur, namus
Ei yumurta
eigen özel, özgü; *(eigenartig)* kendine özgü; *(seltsam)* garip, tuhaf
Eigenschaft nitelik, özellik
eigentlich asıl, esas, aslında
Eigentümer mal sahibi
eilig acele, ivedi; **es ~ haben** acele etmek, vakti olmamak
ein(e) bir, tek bir, herhangi bir
einander birbiri
einbiegen, nach rechts/links ~ sağa/ sola dönmek/sapmak
Eindruck izlenim, intiba
einfach kolay, basit
Einfahrt giriş, taşıt girişi
Eingang giriş
einheimisch yerli
einig sein hemfikir olmak, uyuşmak
einige birkaç, bazı
einigen birleştirmek, uzlaştırmak
einkaufen alış-veriş etmek, satın almak
einladen davet etmek, çağırmak
Einladung çağrı, davet
einmal birkez, bir defa
einpacken paketlemek
einreisen bir ülkeye girmek
eins bir
einsam tenha, yalnız
einschalten açmak
einschlafen uykuya dalmak
einschließen kilitlemek, kapatmak
eintreffen varmak, gelmek
eintreten içeri girmek
Eintritt giriş; **~ verboten** giriş yasaktır
Eintrittspreis giriş ücreti
Einverständnis rıza, kabul, onay
einwerfen *(Briefe)* mektup atmak, (kutuya) atmak
einwickeln sarmak
einwilligen razı olmak
Einwohner nüfus, oturan, yurttaş
Einzelheit ayrıntı, teferruat
einzeln tek başına, tane tane
einzig tek, biricik; *(~artig)* eşsiz, benzersiz, bir tanecik
Eis *(Glatt~)* buz; *(Speise~)* dondurma
Eisen demir
elektrisch elektrikli, ceryanlı
Eltern anababa, ebeveyn
emanzipiert aynı haklara sahip
Empfang *(Erhalt)* alındı; *(Hotel)* resepsiyon; *(Besuch)* kabul
empfangen karşılamak, kabul etmek, almak
empfehlen salık vermek, tavsiye etmek
Empfehlung tavsiye
Ende son, uç; **am ~** sonunda
enden sona ermek, bitmek
endgültig *adj* en son; *adv* kesin, kati
endlich en sonunda
eng dar
englisch İngilizce
Enkel/in torun
entdecken bulmak, ortaya çıkarmak, keşfetmek
entfernt uzak, ırak
Entfernung uzaklık
entgegengesetzt zıt, ters
enthalten kapsamak, içermek
entlang boyunca
entscheiden karar vermek
entschließen, s. ~ kesin karar vermek
entschlossen sein kararlı olmak
Entschluß karar
entschuldigen bağışlamak, affetmek; **~ Sie bitte** affedersiniz, özür dilerim; **s. ~** affını dilemek, özür dilemek

Entschuldigung af, özür; **ich bitte um** ~ özür dilerim, affınızı dilerim
enttäuscht umudu kırılmış, hayal kırıklığına uğramış
entweder ... oder ya ... ya (da)
entwickeln geliştirmek
Entwicklung gelişme, oluş
entzückend sevimli, alımlı, hoş
entzückt tutkun, hoşlanma
Ephesus Efes
er o
Erde toprak, yeryüzü
Erdgeschoß zemin katı
ereignen, s. ~ meydana gelmek, olmak
Ereignis olay, vaka
erfahren (1) *verb* duymak, öğrenmek
erfahren (2) *adj* tecrübeli, deneyimli
Erfahrung tecrübe, deneyim
erfinden bulmak, icat etmek
Erfolg başarı, muvaffakiyet
erfreut (über) sevinçli, memnun
Erfrischung soğukluk, serinletici (b. ş), soğuk içecek
Ergebnis sonuç, netice
ergreifen tutmak, ele almak
erhalten almak, elde etmek; *(durch Bemühung)* korumak, saklamak
erhältlich, ist ~ alınabilen, bulunur
erhöhen *(Preise)* yükseltmek, arttırmak
erholen, s. ~ dinlenmek, kendine gelmek
Erholung dinlenme, *(Genesung)* iyileşme
erinnern, jdn an etw ~ hatırlatmak, anımsatmak; **s.** ~ hatırlamak, anımsamak
erkennen tanımak, bilmek
erklären *(angeben)* açıklamak, anlatmak; *(deutlich machen)* açıklamak, anlatmak
erkundigen, s. ~ bilgi almak, danışmak
erlangen elde etmek
erlauben izin vermek
Erlaubnis izin
erledigen yerine getirmek, bitirmek, yapmak
Ermäßigung indirim, tenzilât
ermöglichen olur kılmak, olanak sağlamak, mümkün etmek
erneuern yenilemek
ernst ciddi
Ernte ürün
erreichen erişmek, yetişmek
Ersatz *(Schaden~)* tazminat
erscheinen görünmek; *(Buch)* çıkmak, yayımlanmak
erschöpft yorgun, bitkin
erschrecken ürkütmek; *(erschrocken sein)* ürkmek, korkmak
ersetzen yerine geçmek, yerine koymak; *(Schaden)* karşılamak, tazmin etmek
erst *(zuerst)* önce, ilkin; *(nicht früher als)* (-den) sonra
erste(r, -s) birinci, ilk
erstens ilk olarak
erstklassig birinci sınıf, mükemmel, dört başı bayındır
ertragen dayanmak, katlanmak
Erwachsene(r) yetişkin, büyük
erwarten beklemek, ummak
erwidern karşılık vermek, yanıtlamak
erzählen anlatmak
erzeugen üretmek, yetiştirmek
Erzeugnis ürün
Erziehung eğitim, yetiştirme
es gibt var
Esel eşek
eßbar yenilebilir
essen (yemek) yemek
Essen *(Nahrung)* gıda; *(Mahlzeit)* yemek; **beim** ~ yemekte
etwa aşağı yukarı

etwas bir şey; *(ein wenig)* biraz
euch size, sizi
euer sizin
Europa Avrupa
Europäer/in Avrupalı
europäisch Avrupalı, Avrupa'ya özgü
eventuell *adv* belki
extra ekstra, özel

F

Fabrik fabrika
Faden iplik
fähig yetenekli, becerili
fahren (taşıtla) gitmek; *(lenken)* (taşıt) kullanmak, sürmek
Fahrer sürücü, şoför
Fahrgast yolcu
Fahrstuhl asansör
Fahrt gidiş, yolculuk
fair centilmence
Fall *(Vorfall)* durum, olay; **auf alle Fälle** mutlaka, herhalde
fallen düşmek
falls eğer, ise
falsch yanlış; *(betrügerisch)* sahte, yapay
Familie aile
fangen yakalamak, tutmak
Farbe renk, boya
farbig renkli
fast hemen hemen, nerdeyse, aşağı yukarı
faul tembel, miskin; *(Obst)* çürük, kurtlu
Feder tüy; *(elastisch)* yay
fehlen eksik olmak, bulunmamak
Fehler *(den man macht)* hata, yanlış; *(den man hat)* kusur
feierlich şenlikli, resmi
Feiertag tatil günü
feilschen pazarlık etmek
fein *(dünn)* ince; *(vornehm)* kibar, terbiyeli; *(zart)* nazik
Feld saha, tarla
Fell deri, kürk
Fels kaya
Ferien tatil; **in ~** tatilde
Fernglas dürbün
fertig *(bereit)* hazır; *(vollständig)* tamam
fest *(hart)* sıkı, sağlam; *(dauernd)* sürekli

Fest bayram, şenlik, eğlence
festsetzen saptamak, koymak
fett yağlı, şişko
feucht nemli
Feuer ateş
feuergefährlich yanıcı, yanma tehlikesi olan
Feuerlöscher yangın söndürücü
Feuermelder yangın bildiren, alarm
Feuerwehr itfaiye
Feuerwerk havai fişek eylenceleri
Feuerzeug çakmak

Filiale şube
Film *(Foto, Kino)* film
Filter filtre
finden bulmak
finster karanlık, zifiri
Firma firma, şirket
Fisch balık
fischen balık tutmak, balık avlamak
fit formunda
flach düz, yatık
Flamme alev, yalım
Flasche şişe
Fleck(en) leke, benek
Fleisch et
fleißig çalışkan
flicken yamamak
Fliege sinek

fliegen uçmak
fließen akmak
Flirt flört
Fluß nehir, ırmak
flüssig sıvı, akıcı, akışkan
folgen takip etmek, izlemek
fordern istemek, talebetmek
Forderung istek, talep, alacak
Form biçim, şekil
Format boy, ebat, cap
Formular formüler, (doldurulacak) belge, evrak; **ein ~ ausfüllen** formüler/belge doldurmak
fort gitmiş, yok
Fortschritt ilerleme
fortsetzen devam etmek, sürdürmek
forttragen (b. y. i, uzağa) götürmek
Foto fotoğraf
Fotoapparat fotoğraf makinası
fotografieren fotoğraf çekmek, resim çekmek
Fracht yük, mal (taşımacılıkta)
Frage soru
fragen sormak
französisch Fransızca
Frau kadın, hanım, bayan; *(Ehe~)* eş, karı
Fräulein genç kız
frei serbest, boş, özgür; *(gratis)* ücretsiz, bedava, parasız; **im Freien** açıkta, boşta
fremd *(ausländisch)* yabancı; *(unbekannt)* tanınmıyan, bilinmeyen
Fremde, der, die ~ yabancı
Freude sevinç, neşe
freuen, s. ~ auf/über sevinmek
Freund/in arkadaş, dost
freundlich dostça, arkadaşça, samimi
Freundlichkeit içtenlik, nezaket
Freundschaft dostluk, arkadaşlık
Friede barış, sulh
frieren üşümek
frisch taze, serin; *(neu)* yeni; *(Wäsche)* temiz
froh *(zufrieden)* memnun, hoşnut; *(glücklich)* mutlu, mesut; *(lustig)* neşeli
früh erken
früher *(eher)* önce, evvel; *(damals)* eski, eskiden
frühstücken kahvaltı etmek
fühlen hissetmek, duymak
führen kılavuzluk yapmak, rehberlik etmek, önde gitmek
Führer *(für Fremde)* kılavuz, rehber
füllen doldurmak
Fundbüro kayıp eşya bürosu, yitik bürosu
Funke kıvılcım
funktionieren işlemek, görevini yapmak
für için
Furcht korku, ürküntü
fürchten korkmak, ürkmek; **s. - vor** b. ş. den korkmak
fürchterlich korkunç
Fußgänger yaya
Futter yem; astar

G

gähnen esnemek
Gang *(Auto)* vites; *(Durchgang)* geçit, arageçit; *(Essen)* çeşit; *(Flur)* koridor
ganz *adj* bütün, tüm, hepsi; *(vollständig)* tam, tamam; *adv* tamamen, salt
Ganze, das ~ hepsi, tamamı
gar nicht hiç değil
Garage garaj
Garantie güvence, garanti
Garten bahçe
Gast konuk, misafir
Gastfreundschaft konukseverlik,

misafirperverlik
Gastgeber/in ev sahibi/sahibesi
Gasthaus, ~hof lokanta (bazen otelli), aşevi
Gebäude yapı, bina
geben vermek
Gebet dua
geboren doğum
Gebrauch kullanma, kullanış
gebrauchen kullanmak
gebräuchlich alışılmış, kullanılagelen
Gebühren ücret, harç
Geburt doğum, doğuş
gebürtig aus doğumlu, doğum yeri
Geburtstag doğum günü
Gedanke düşünce
Geduld sabır
geduldig sabırlı
Gefahr tehlike
gefährlich tehlikeli
gefallen beğenilmek, hoşa gitmek
Gefallen hoşa gitme, beğenme, hoşlanma
Gefälligkeit gönül yapma, gönül alma, iyilik
Gefäß kap
Gefühl duygu, his
gegen *(wider)* karşı; *(in Richtung auf, zeitlich)* (-e) doğru
Gegend yöre, dolay
Gegenstand *(Gesprächs~)* konu, mevzu; *(Ding)* şey, madde
Gegenteil aksi, tersi, karşıtı; **im** ~ tersine
gegenüber *adv* karşı
Gegenwert bedel, karşı değer
geheim gizli
gehen gitmek; *(zu Fuß)* yürümek; **geradeaus** ~ doğru gitmek; **vorwärts** ~ ileri gitmek; **zurück** ~ geri gitmek
gehören ait olmak, dahil olmak
Gelände arazi
Geld para
Geldstrafe para cezası
Geldstück madeni para
Gelegenheit fırsat
gelegentlich *adv* arasıra
gelten geçerli olmak
gemein genel; *(ordinär)* bayağı, adi
gemeinsam *adj* ortak, birlikte; *adv* topluca
gemischt karma, karışık
gemütlich rahat, keyifli
genau tam, hassas; ~**so ... wie** tam ... gibi
Genauigkeit doğruluk, hassaslık
genehmigen izin vermek
genießen tadını çıkarmak, zevk almak
genug yeter
Genuß zevk, lezzet
geöffnet açık
gerade (1) *adj* doğru, düz
gerade (2) *(zeitlich)* şu sıra
geradeaus doğruca
Geräusch ses, patırdı
gerecht haklı
Gericht *(Essen)* yemek; *(Justiz)* mahkeme
gering az, ufak, önemsiz; ~**er** daha ufak
gern seve seve, severek; **nicht** ~ istemiyerek, gönülsüz
Geruch koku
Gesang şarkı
Geschäft *(Laden)* dükkân, mağaza; *(Handel)* ticaret
geschehen meydana gelmek, olmak; **was ist** ~? ne oldu?
Geschenk armağan, hediye
Geschichte tarih, hikâye, olay
geschickt becerikli, mahir
geschlossen kapalı
Geschmack tat, zevk
Geschwindigkeit hız, sürat

Gesellschaft toplum, dernek
Gespräch konuşma, söyleşi
gesund sağlıklı, sağlam, sıhhatli
Gesundheit sağlık, sıhhat
getrennt ayrı
gewähren vermek, (rahat) bırakmak
gewaltig muazzam, kudretli
Gewebe dokuma, doku
Gewicht ağırlık, önem
Gewinn kazanç
gewinnen kazanmak
gewiß *adj* elbette; *adv* şüphesiz, kuşkuşuz
gewissenhaft özenli, vicdanlı
Gewitter fırtına
gewöhnen, s. ~ an alışmak
Gewohnheit alışkanlık
gewöhnlich *(üblich)* olağan, alışılmış; *(ordinär)* adi, bayağı
gewohnt olağan, alışılmış
gewohnt sein alışmış olmak
gibt, es ~ var
Gift zehir, ağu
giftig zehirli, ağulu
Gipfel doruk, uç
Gips alçı
Gitarre gitar
Gitter parmaklık, kafes
glänzen parlamak, ışıldamak
glänzend parlak
Glas *(Scheibe)* cam; *(Trink~)* bardak
glatt düz, kaygın
Glaube inanç
glauben inanmak
gleich (1) *adj* aynı, eşit
gleich (2) *(sofort)* hemen
gleichen benzemek, aynı olmak
gleichfalls bilmukabele, aynen
gleichwertig eşdeğer
gleichzeitig *adv* aynı anda, aynı zamanda
Glück şans, talih; **viel ~!** bol şans!, iyi talihler!
glücklich mutlu, mesut
Glückwunsch tebrik
Glut kor
Goldenes Horn Haliç
Gott Allah, Tanrı; ~ **sei Dank!** Allaha şükür!
Grad derece, rütbe
gratis bedava, parasız
gratulieren tebrik etmek, kutlamak
Grenze sınır, hudut
Griff *(Hand~)* tutma, kavrama
groß büyük, iri; *(bedeutend)* önemli
großartig fevkalâde, mükemmel
Größe *(Ausdehnung)* büyüklük, alan, genişlik; *(geistige)* ululuk, yücelik; *(Kleidung)* beden; *(Schuhe)* ayakkabı büyüklüğü/numarası
Großmutter büyükanne, nine
Großvater büyükbaba, dede
Grund neden, sebep; *(Beweg~)* hareket nedeni
Gruppe grup, küme
grüßen selâmlamak
gültig geçerli
Gültigkeit geçerlik
günstig *(Preis)* ucuz, elverişli
gut iyi
Gutschein bono, para kuponu

H

haben malik olmak, var olmak
Hahn horoz; *(Wasser~)* musluk
Haken kanca, çengel; *(Kleider~)* elbise askısı
halb yarım
Hälfte yarısı
Halikarnossos Bodrum
Halle büyük salon
hallo alo!
halt! dur!
haltbar dayanıklı, sağlam

halten *(fest~)* tutmak; *(dauern)* sürmek, davam etmek; *(stehenbleiben)* durmak

Hammer çekiç, tokmak

Hand el

handgemacht el işi

Hang *(Ab~)* bayır

hängen *(auf~)* asmak

hart sert, katı

Härte sertlik, katılık

häßlich çirkin, kötü

häufig *adv* çoğu kez

Haupteingang ana kapı

hauptsächlich *adj* başlıca; *adv* esasen

Hauptstadt başşehir, başkent

Haus ev

Haustür ev kapısı

heben kaldırmak

Heft defter

heilig kutsal, aziz

Heimat ana vatan, yurt

heimlich gizli, saklı

Heimreise dönüş yolculuğu, sıla yolculuğu

Heirat evlenme

heiraten evlenmek

heiß çok sıcak

heißen adında olmak, adlandırmak

heiter açık, bulutsuz; neşeli

heizen ısıtmak

Heizöl ısıtma yağı, mazot

hektisch aceleci, huzursuz

helfen, jdm ~ yardım etmek

hell aydınlık, açık

herabsetzen *(Preise)* indirmek, ucuzlatmak

heraufsetzen *(Preise)* pahalandırmak, yükseltmek

herausgeben *(Geld)* üstünü vermek

herb *(Wein)* buruk

herein! girin!, buyrun!

hereinkommen içeriye girmek

Hering ringa balığı; hamsigiller

Herr bay, bey

herrlich enfes, fevkalâde

Herz kalp, yürek

herzlich kalpten, samimi

Herzlichkeit içtenlik, samimiyet

heute bugün; ~ **abend** bu akşam; ~ **nacht** bu gece

hier burada

hierher buraya

Hilfe imdat, yardım; **Erste** ~ ilk yardım

Himmel gök, gökyüzü

hinaufgehen yukarı çıkmak

hinausgehen dışarı çıkmak

hindern engellemek, mani olmak

hineingehen içeri girmek

hinlegen yere yatırmak, koymak; **s.** ~ yatmak, uzanmak

hinsetzen, s. ~ oturmak

hinten arkada

hinter arkasında

hinterlassen ardında bırakmak

hinterlegen depozito bırakmak, yatırmak

hinuntergehen aşağı inmek

hinzufügen eklemek, ilâve etmek

Hobby hobi

hoch yüksek

höchstens en fazla, en çok

Hochzeit *(Feier)* düğün

Hof avlu

hoffen ummak, ümit etmek

höflich kibar, nazik

Höflichkeit kibarlık, nezaket

Höhe yükseklik

Höhepunkt doruk noktası

holen almak, getirmek

Holz odun, tahta

Honorar telif, ücret

hören duymak, işitmek; *(zu~)* dinlemek

Hotel otel
hübsch güzel, şirin, hoş
Hügel tepe, tümsek
Hund köpek
hundert yüz; ~**mal** yüz kere
Hunger açlık
hungrig sein aç olmak
husten öksürmek
Hütte kulübe, baraka; *(Berg~)* dağ kulübesi

I

ich ben
Idee fikir, düşünce
ihr (1) *pers prn* siz
ihr (2) *poss prn f sing* onun; *pl* onların
Imbiß kahvaltı, (ayaküstü) yemek, sandviççi
immer daima, her zaman
imstande sein yapacak halde olmak, yetkin olmak
in içinde; ~ **der/die Türkei** Türkiye'de/'ye
inbegriffen dahil
informieren bilgilendirmek
Inhalt içerik, öz
Inland yurt içi, ülke içi
innen içinde
Innere, das ~ içi
innerhalb *(zeitlich)* bu sırada, içinde
Insekt böcek
Insel ada
Inserat ilân
interessant ilginç, enteresan
Interesse ilgi, alâka
interessieren, s. ~ **(für)** ilgilenmek
international uluslararası
inzwischen bu arada
irgend etwas herhangi bir şey
irgendwie nasılsa, herhangi bir şekilde
irgendwo, ~**hin** herhangi bir yere
irren, s. ~ yanılmak
Irrtum yanılgı, hata

J

Jahr yıl, sene
Jahreszeit mevsim
Jahrhundert asır, yüzyıl
jährlich *adj* senelik, yıllık; *adv* her sene, her yıl
je başına
jede(r, -s) *adj* her, her bir; *prn* herkes; ~ **beliebige** herhangi bir
jedesmal her sefer, her defa
jedoch fakat, bununla beraber
jemals herhangi bir zaman
jemand birisi
jene(r, -s) o, öbür, şu
jenseits ötesinde, karşısında
jetzt şimdi
jucken kaşınmak
Jugend gençlik
jung genç
Junge oğlan, delikanlı
Junggeselle bekâr erkek

K

Kabine kabin, kulübe
Kaffee kahve
Kahn kayık, sandal, barka
Kakerlake hamam böceği
kalt soğuk
Kanal kanal
Kapelle *(Gebäude)* küçük kilise; *(Musik~)* orkestra
kaputt bozuk, kırık
Karte *(Fahr~)* bilet; *(Eintritts~)* giriş kartı, bilet; *(Land~)* harita; *(Post~)*

kartpostal, posta kartı; *(Speise~)* yemek listesi, menü kartı; *(Spiel~)* iskambil kâğı
Kasse kasa, vezne; *(Theater~)* gişe
Katze kedi
Kauf alım, satın alma
kaufen satın almak
Käufer müşteri, alıcı
Kaufhaus satış mağazası
Kaugummi çiklet, sakız
kaum pek az, hemen hiç
Kaution kefalet
kein yok, değil
keine(r, -s) hiçbir
keinesfalls hiç bir zaman, asla, katiyen
kennen tanımak, bilmek
kennenlernen tanışmak
Kenntnis bilgi, fikir
Kennzeichen bir şeyin özelliği
Keramik seramik, çini
Kerze mum
Kette zincir, sıra; *(Hals~)* kolye
Kind çocuk
Kissen yastık
Kiste kasa, sandık
Klang ses
klar berrak, açık
Klasse sınıf, mevki
Kleidung giyim, kıyafet
klein küçük, ufak; *(Alter)* küçük, genç
Klima iklim
Klingel zil
klingeln zil çalmak
klug akıllı, zeki
knipsen fotoğraf çekmek; *(Fahrkarte)* delmek
Knopf düğme; **(auf) einen ~ drücken** düğmeye basmak
Knoten düğüm
kochen *(Essen zubereiten)* pişirmek; *(sieden)* kaynamak; *(zum Sieden bringen)* kaynatmak
Koffer bavul
Kohle kömür
Kollege meslektaş, iş arkadaşı
kommen gelmek
Kompaß pusula
Kondom prezervatif
können muktedir olmak, yapabilmek; *(gelernt haben)* bilmek
Konsulat konsolosluk
konsultieren danışmak
Kontakt kontak, ilişki
kontrollieren kontrol etmek
Kopie suret, kopya
Korb sepet
Körper vücut, gövde
korrekt doğru, hatasız
Kosten masraflar
kosten fiyatında olmak, değerinde olmak
kostenlos bedava, ücretsiz
kostspielig pahalı, masraflı
Kraft güç, kuvvet
kräftig kuvvetli, güçlü
krank hasta; ~ **werden** hasta olmak, hastalanmak
Krankenwagen ambülans
kreativ yaratıcı
Kredit kredi
Kreuzung *(Straße)* dört yol ağzı, yol kesimi
Krieg savaş, harb
kritisieren eleştirmek
Küche mutfak
Kuh inek
kühl soğuk, serin
Kultur kültür
Kummer dert, keder
kümmern, s. ~ um ilgilenmek
Kunde müşteri
Kurs *(Unterricht)* yön, kurs; *(Wechsel~)* rayiç, kur
Kurve dönemeç

kurz *(räumlich)* kısa; *(kurzgefaßt)* özet, kısaltılmış
kurzfristig kısa vadeli
Kuß öpüş, öpücük
küssen öpmek
Küste kıyı, sahil

L

lachen gülmek
lächerlich gülünç
Laden mağaza, dükkân
Lage *(Situation)* durum; *(eines Ortes)* yeri
Lampe lâmba
Land ülke; *(Gegensatz zu Wasser)* kara
Landgut tarla, çiftlik
Landhaus sayfiye evi, kır evi
Landsmann memleketli, hemşeri
lang uzun
Länge uzunluk
langsam *adj* yavaş
langweilig cansıkıcı
Lärm gürültü, şamata
lassen *(zulassen)* bırakmak
lästig cansıkıcı, usandırıcı
laufen koşmak
Laune keyif
laut gürültülü, yüksek sesli; ~ **sprechen** yüksek sesle konuşmak
läuten zil çalmak
Lautsprecher hoparlör
Leben yaşam, hayat
leben yaşamak
lebend canlı, yaşayan
Lebensmittel yiyecek içecek, gıda maddeleri
lebhaft canlı, hareketli
Leder deri
ledig bekâr
leer boş
legen koymak, sermek
lehren öğretmek
leicht *(einfach)* kolay; *(Gewicht)* hafif
leider yazık (ki)
leihen *(ver~)* ödünç vermek; *(ent~)* ödünç almak
leise sessiz, yavaş; ~ **sprechen** fısıldamak, yavaş sesle konuşmak
Leiter, die ~ merdiven
Leiter/in yönetici
Leitung *(el, tele)* hat, kablo; *(Gas, Wasser)* boru
lernen öğrenmek
lesen okumak
letzte(r, -s) sonuncu
leuchtend parlak, ışıklı
Leuchtturm fener kulesi
leugnen inkâr etmek, yadsımak
Leute insanlar, halk
Licht ışık; ~ **anmachen/ausmachen** ışığı açmak/kapatmak, ışığı yakmak/söndürmek
lieb sevimli; **jdn** ~**haben** sevmek, hoşlanmak
Liebe sevgi
lieben sevmek
liebenswürdig güleryüzlü, sevimli
Liebenswürdigkeit güleryüzlülük, sevimlilik
lieber daha iyi, daha severek; ~ **haben** tercih etmek, yeğlemek
Liebling sevgili; *(Anrede)* sevgilim
Lied şarkı, türkü
liefern teslim etmek, sevketmek
liegen *(s. befinden)* bulunmak, durmak; *(ausgestreckt sein)* yatmak, uzanmak
liegenlassen *(vergessen)* (b. y. de) bırakmak, unutmak
Linie hat, çizgi
linke(r, -s) sol, sol taraf
links sol

Liste liste
loben övmek
Loch delik, çukur
logisch mantıksal
Lohn ücret
Lokal *(Gaststätte)* lokanta, aşevi
löschen söndürmek
lösen çözmek, gevşetmek
Luft hava
lüften havalandırmak
Luftzug hava cereyanı
Lüge yalan
Lust sevinç, zevk, istek
lustig neşeli; *(erheiternd)* güldürücü
luxuriös çok konforlu, lüks
Luxus lüks

M

machen *(herstellen)* üretmek, yapmak; ~ **lassen** yaptırmak
Mädchen kız, genç kız
mager cılız, sıska
Mahlzeit övün, yemek
Mal kez, kere; **einmal** bir kere, bir kez; **jedesmal** her defa; **zweimal** iki kere
malen resim yapmak
man insan, kişi
Mangel *(Fehlen)* eksiklik, yokluk; *(Fehler)* hata, kusur
Mann erkek, adam; *(Ehe~)* koca
männlich erkekçe
Mannschaft *(Sport)* takım; *(Schiff)* mürettebat
Mappe evrak çantası
Marke marka, işaret
Marmarameer Marmara Denizi
Maschine makina, mekanizma
Maß ölçü
mäßig ölçülü
Material malzeme
Meer deniz
mehr daha çok, daha fazla; ~ **als** (-den, -dan) fazla; ~ **oder weniger** şöyle böyle, aşağı yukarı, az çok
mein(e) benim
meinen düşüncesinde olmak, fikir söylemek
meinetwegen benim için, benim yüzümden
Meinung fikir, görüş; **meiner ~ nach** bana göre, benim fikrime göre
melden bildirmek; *(berichten)* haber vermek
Menge miktar; *(Menschen~)* kalabalık; **eine** ~ bir sürü
Mensch insan
menschlich insancıl
merken farkına varmak, algılamak; **s. etw** ~ aklında tutmak
Messe *(rel)* ayin; *(Ausstellung)* fuar, sergi
messen ölçmek
mich beni
Miete kira
mieten kiralamak
mild yumuşak, ılımlı
mindestens en azından, hiç olmazsa
minus eksi
Minute dakika
mir bana
Mißbrauch kötüye kullanma
mißbrauchen istismar etmek, kötüye kullanmak
mißtrauen şüphe etmek, güven duymamak
Mißverständnis yanlış anlama
mißverstehen yanlış anlamak
mit ile, birlikte, beraber
mitbringen birlikte getirmek, yanında getirmek
Mitleid acıma, merhamet
mitnehmen yanına almak, alıp götürmek

Mittag öğlen
Mitte orta
mitteilen bildirmek, haber vermek
Mitteilung bildiri, haber
Mittel araç; *(Heil~)* ilâç
Mittelmeer Akdeniz
Mitternacht gece yarısı; **um** ~ gece yarısında
Möbel mobilya
möblieren dayayıp döşemek
Mode moda
modern modern, yeni; *(neuzeitlich)* moda, asri
mögen *(gern haben)* sevmek, beğenmek; *(wünschen)* arzu etmek, istemek
möglich mümkün, olası; **so bald wie** ~ bir an evvel
Möglichkeit olanak, imkân
Mole dalgakıran
Moment an
Monat ay
monatlich *adj* aylık; *adv* ayda
Mond ay
Morgen sabah
Möwe martı
Mücke tatarcık, sivrisinek
müde yorgun
Mühe zahmet, külfet; **s.** ~ **geben** uğraşmak, çaba göstermek
Müll çöp
Mülltonne çöp bidonu
münden *(Fluß)* dökülmek, kavuşmak; *(Straße)* kesişmek
Mündung ağız, nehir mansabı
Münze madeni para, bozuk para
Musik müzik
müssen zorunda olmak, mecbur olmak
Muster örnek, numune; *(Probe)* numunelik, eşantiyon
Mutter anne

N

nach *(zeitlich)* sonra, daha sonra; ~ **Frankreich** Fransa'ya; ~ **Istanbul** İstanbul'a
Nachbar/in komşu
nachgehen meşgul olmak, uğraşmak
nachher ondan sonra, sonradan
nachlässig dikkatsiz, ihmalci
Nachmittag öğleden sonra
nachprüfen tekrar gözden geçirmek, kontrol etmek, denetlemek
Nachricht haber, bilgi
nachsehen arkasından bakmak, gözden geçirmek
nächste(r, -s) sonraki
Nacht gece; **bei** ~ geceleyin; **heute nacht** bu gece
Nachteil zarar, mahzur
nackt çıplak
Nadel iğne
Nagel çivi; *(Finger~)* tırnak
nahe yakın; ~ **bei** yakınında
Nähe yakınlık
nähern, s. ~ sokulmak, yaklaşmak
nahrhaft besleyici, gıdalı
Nahrung besin, gıda
Nahrungsmittel gıda maddesi
Name isim, ad
Namenstag isim günü
naß ıslak, yaş; *(durchnäßt)* sırılsıklam
Nation ulus, millet
Natur doğa, tabiat
natürlich *adj* doğallıkla, tabii; *adv* elbette
neben yan
neblig sisli
Neffe yeğen (erkek), kardeş çocuğu
negativ olumsuz
nehmen almak
nennen demek, isimlendirmek,

adlandırmak
nervös sinirli
nett *(hübsch)* hoş, şirin; *(freundlich)* nazik, sevimli
Netz ağ, file
neu modern, değişik; *(ungebraucht)* yeni, kullanılmamış
neugierig meraklı, mütecessiz
Neuheit yenilik
Neuigkeit haber, havadis
neulich yakında, geçenlerde
nicht değil; ~ **einmal** bir kere bile değil, bile değil; ~ **wahr?** değil mi?; **gar** ~ hiç değil; **noch** ~ daha değil, henüz değil
Nichte yeğen (kız), kardeş kızı
nichts hiç, hiçbir şey; **sonst** ~ başka hiçbir şey
nie asla, hiç bir zaman
nieder, niedrig basık, alçak
niemand hiç kimse
niesen hapşırmak
nirgends hiç bir yerde
noch daha, henüz; ~ **nicht** daha değil, henüz değil
Nonne rahibe
Norden kuzey
nördlich kuzeysel; ~ **von** (-den) kuzeyde
normal normal, olağan
normalerweise normal olarak
Notfall, im ~ icabında, başka çare yoksa
notieren not etmek, kaydetmek
nötig lâzım, gerekli
notwendig gerekli, zorunlu
Notwendigkeit zorunluluk, mecburiyet, gereklilik
nüchtern aç karna; ayık
numerieren numaralamak, sayılamak
Nummer numara, sayı
nun şimdi, artık
nur ancak, yalnız(ca), salt
nützlich yararlı, faydalı
nutzlos yararsız, faydasız

O

ob acaba, yüzünden, dolayı
oben yukarıda; **dort** ~ orda yukarıda; **nach** ~ yukarıya
obwohl karşın, rağmen, her ne kadar
oder ya da, veya
Ofen soba, fırın
offen açık
öffentlich genel, umumi
offiziell resmi
öffnen açmak
Öffnungszeit açılış saati
oft sık sık, çoğu zaman
ohne -siz, -sız
ohnmächtig baygın
Öl yağ, petrol
Onkel amca, dayı
operieren ameliyat etmek
Orden *(rel)* tarikat; *(Auszeichnung)* nişan
ordentlich *(geordnet)* düzgün; *(Mensch)* derli toplu, düzenli
Ordnung düzen, tertip
Ort yer, mahal
Ortschaft meskün belde, ören
Osten doğu
Österreich Avusturya
Österreicher/in Avusturyalı
Ozean okyanus

P

Paar, ein ~ çift; *(Ehe~)* karı koca, çift
paar, ein ~ birkaç
Päckchen küçük paket
packen *(Koffer)* hazırlamak
Packung paket

Paket paket
Panorama manzara
Papier kâğıt
Park park
parken park yapmak/etmek
Party parti
Paß (1) *(Ausweis)* pasaport
Paß (2) *(Gebirge)* geçit, boğaz
Passage geçit, pasaj
passen *(Kleidung)* uymak, sığmak; *(gelegen kommen)* uygun olmak
passieren geçmek
Pauschale götürü fiyat
Pelz kürk
Pergamon Bergama
Peripherie çevre, dış kuşak
Person kişi, kimse
Personal işalanlar, personel
Personalien kişisel bilgiler, hususi eşkâl
persönlich özel, kişisel
Pfad keçi yolu, patika
Pfand teminat, rehin; *(Flaschen~)* depozito
Pfeife düdük; *(Tabaks~)* pipo; *(Wasser~)* nargile
Pflanze bitki
Pflicht ödev, görev
pflücken toplamak, koparmak
Plakat afiş, levha
Plan plan, tasarı; *(Absicht)* amaç, maksat, niyet; *(Entwurf)* proje, taslak
Plastik plastik sanat, yontu
Platte *(zum Anrichten)* tepsi, tabla; *(Schall~)* plak
Plattenspieler pikap
Platz *(in der Stadt)* alan, meydan; *(Raum; Sitz)* yer
platzen patlamak
plötzlich aniden, birdenbire
plus artı
Politik politik
positiv olumlu
Post Posta; **auf die/der** ~ postanede
praktisch pratik, uygulamsal
Predigt vaız, hutbe
Preis fiat, ödül
Priester papaz
prima mükemmel
privat özel, hususi
pro için, beher
Probe deneme
Produkt ürün, mamul
Programm proğram, tasarı
Prospekt broşür, prospektüs
protestieren protesto etmek
provisorisch geçici
Prozent yüzde
Prozentsatz yüzde oranı
Prozession dini alay, dinsel tören alayı
prüfen *(Examen)* imtihan etmek; *(Qualität)* denemek
Prüfung *(Examen)* imtihan, sınav; *(Qualität)* deneme
Publikum izleyiciler, dinleyiciler, seyirci
Pulver toz, pudra
Punkt nokta, puan
pünktlich dakik
Puppe oyuncak bebek
putzen temizlemek, silmek

Q

Qualität nitelik, vasıf, kalite
Qualle denizanası
Quelle kaynak
quer durch ortasından
quittieren makbuz vermek
Quittung makbuz

R

Rabatt iskonto, tenzilat
Radio radyo
Rand kenar, sınır
rasch *adj* hızlı, çabuk; *adv* süratle, acele
Rasen çim
rasieren tıraş etmek
Rat öğüt, tavsiye; **jdn um ~ fragen** akıl istemek, akıl danışmak
raten *(Rat erteilen)* salık vermek, akıl vermek; *(er~)* bilmek, tahmin etmek
Rauch duman, is
rauchen sigara içmek, duman çıkarmak
Raum yer, alan; *(Räumlichkeit)* oda, salon
rechnen hesap yapmak, hesaplamak
Rechnung fatura; *(im Restaurant, Café)* hesap
Recht hak, yetki
recht haben haklı olmak
rechte(r, -s) sağ, sağda
rechts sağ
rechtzeitig *adv* zamanında, vaktinde
reden konuşmak, söylemek
regelmäßig *adj* düzenli; *adv* usulen, muntazaman, sürekli
regeln düzene koymak, ayarlamak
Regierung hükümet
regnen yağmak
reich zengin, varlıklı
reichen *(aus~)* yetmek, kâfi gelmek; *(geben)* sunmak, vermek; *(s. erstrecken)* erişmek, ulaşmak, uzanmak
reichlich bol bol, çok
Reichtum zenginlik, varlık
reif ergin, olgun
Reihe sıra, dizi
reinigen temizlemek
Reinigung *(Geschäft)* temizleyici
Reise yolculuk, seyahat; **auf der ~** gezide
Reiseführer rehber, kılavuz
Reisegesellschaft seyahat gurubu
reisen (nach) yolculuk yapmak, seyahat etmek
Reisende, der, die ~ yolcu
Reiseroute seyahat yolu, güzergâh
reißen *(ziehen)* şiddetle çekmek; *(kaputtgehen)* yırtmak, yolmak, koparmak
Reklame ilân, reklâm
reklamieren şikâyet etmek, reklamasyon yapmak
rennen koşmak, yarışmak
Reparatur tamir, onarım
reparieren tamir etmek, onarmak
reservieren ayırmak, rezerve etmek
Rest artık, arda kalan
Restaurant lokanta, aşevi
retten kurtarmak
Revue *(Vorstellung)* gösteri, resmigeçit, revü; *(Zeitschrift)* dergi, mecmua
richtig *(Gegensatz zu falsch)* doğru, hatasız; *(geeignet)* uygun
richtigstellen düzeltmek, doğrultmak
Richtung yön, istikamet
riechen koklamak, kokmak
Riegel sürgü
Riemen kayış
Ring yüzük, halka
Risiko tehlike, risk
Rohr boru, kamış
Route rota, yol, yön
Rückfahrt geri gidiş, (geri) dönüş
Rückkehr dönüş
Rucksack sırt çantası
Rücksicht saygı, gözetme
rücksichtslos saygısız, gönül kırıcı
rückwärts geriye doğru, gerisin geri, geri geri
rufen çağırmak, seslenmek

Ruhe dinlenme; *(seelisch)* huzur, erinç; *(Stille)* sakinlik, sessizlik
ruhen *(aus~)* dinlenmek
ruhig sakin, sessiz
rund yuvarlak, değirmi
Runde tur

S

Saal salon
Sache *(Ding)* şey, eşya; *(Angelegenheit)* konu, sorun
Sack çuval, torba
sagen söylemek, demek
Saison mevsim, sezon; **außerhalb der** ~ sezon/mevsim dışı
sammeln biriktirmek, derlemek; *(auf~)* toplamak
Sammlung kolleksiyon, toplama
satt tok, doymuş
Satz cümle, tümce
sauber temiz
sauer ekşi
Schachtel kutu
schade, es ist ~ yazık; **wie** ~**!** ne yazık!
schaden zarar vermek
Schaden zarar, hasar
Schadenersatz zarar bedeli, tazminat
schädlich zararlı
Schaf koyun
schaffen yaratmak, ortaya çıkarmak
Schalter gişe; *(el)* düğme
scharf acı, sert, keskin
Schatten gölge
schätzen değer biçmek, hürmet etmek, saymak
schauen bakmak
Schaufenster vitrin, camekân
Scheibe *(Fenster)* cam; *(Brot)* dilim
Schein (1) *(Geld~)* kâğıt para, banknot
Schein (2) *(Anschein)* görünüş, gösteriş
Schein (3) *(Glanz)* ışık, aydınlık
scheinen görünmek, gibi gelmek; *(glänzen)* parlamak, ışıldamak
schenken hediye etmek, armağan etmek
Schere makas
Scherz şaka
schicken göndermek, yollamak
schieben itmek, sürmek
schießen ateş etmek, tepmek
Schild kalkan; arma, levha
Schilf kamış, saz
schimpfen küfür etmek
Schirm şemsiye, siperlik
Schlaf uyku
schlafen uyumak
Schlag vuruş
schlagen vurmak, dövmek; *(Uhr)* vurmak, çalmak
Schlamm çamur
Schlange yılan; ~ **stehen** kuyrukta beklemek
schlank zayıf, ince
schlau açıkgöz, kurnaz
Schlauch iç lâstik, hortum
schlecht fena, kötü
schließen kapamak, kilitlemek
schlimm kötü, berbat; ~**er** beter, daha kötü; ~**st** en kötü, beterin beteri
Schloß *(Gebäude)* şato, saray; *(Tür)* kilit
Schluck yudum
Schluß *(Ende)* son, bitiş
schmal ince, dar
schmecken tat vermek, tadına bakmak
schmerzen acımak, ağrımak, sızlamak
schmerzhaft acılı, ağrılı, sızılı
schminken, s. ~ makyaj yapmak,

boyanmak
schmuggeln kaçakcılık etmek
Schmutz kir, pislik; *(Schlamm)* çamur
schmutzig kirli, çamurlu, pis
schnarchen horlamak
schneiden kesmek
schneien kar yağmak
schnell *adj* çabuk, hızlı; *adv* birdenbire, ani
Schnelligkeit hız, sürat
Schnellimbiß büfe
Schnur sicim, bağ
schon henüz, bile
schön güzel
Schönheit güzellik
schrecklich korkunç
schreiben yazmak
schreien bağırmak
Schrift *(Hand~)* el yazısı
schriftlich yazılı
Schritt adım
schüchtern utangaç
Schuh ayakkabı
Schuld suç, kabahat; *(Geld)* borç
schulden borçlanmak
Schule okul
Schuß atış, mermi
Schutz koruma, emniyet
schwach zayıf, güçsüz
Schwäche zayıflık, halsizlik, güçsüzlük
Schwager kayın, enişte
Schwägerin baldız, görümce, yenge
schwanger hamile, gebe
Schwarzes Meer Kara Deniz
Schweigen susma, susuş
schweigen susmak
Schweiz İsviçre
Schweizer/in İsviçreli
schwer *(Gewicht, Krankheit)* ağır; *(schwierig)* zor, güç
Schwester kız kardeş; *(Kranken~)* hasta bakıcı, hemşire; *(Ordens~)* rahibe
schwierig zorca, güçce
Schwierigkeit güçlük, zorluk
schwimmen yüzmek
schwindeln yalan söylemek, aldatmak
Schwindler dolandırıcı
schwindlig baş dönmesi
schwitzen terlemek
See (1) *f (Meer)* deniz
See (2) *m (Binnengewässer)* göl
Seeigel deniz kestanesi
sehen görmek
sehr çok, pek
Seil ip, halat
sein (1) *verb* olmak
sein (2) *poss prn* onun
seit *prp* beri, itibaren; *conj* (-den) beri; ~ **wann?** ne zamandan beri?
seitdem (-den) beri, (o zamandan) beri
Seite yan, taraf; *(Buch~)* sayfa
Sekunde saniye
selbst bizzat, kendisi
Selbstbedienung selfservis, kendi kendine
selten *adj* seyrek, nadir, az bulunur; *adv* nadiren, arasıra
senden *(schicken)* yayınlamak, göndermek
Sendung *(Radio, Fernsehen)* yayın
servieren servis yapmak
setzen koymak, dizmek; **s.** ~ oturmak
Sex sexs
sicher *adj* güvenli, emin, sağlam; *adv* her halde, şüphesiz
Sicherheit emniyet, güvenlik; *(Garantie)* güvence, emniyet, garanti
Sicherung *(el)* elektrik sigortası
Sicht görüş, görünüş
sichtbar belli, görülebilen
sie o; *pl* onlar

A/Z

Sie siz
Signal sinyal, işaret
singen şarkı söylemek
Sinn duyu, anlam, düşünce
Sitz oturma yeri, oturuş
sitzen oturmak
Skorpion akrep
so öyle, böyle
sofort hemen, derhal
sogar hatta, bile
Sohn oğul, oğlan
solch böyle, şöyle
sollen -meli/-malı, zorunda olmak
Sonder … ayrı, özel
sondern bilâkis, ama, yoksa
Sonne güneş
Sonnenaufgang, bei ~ güneş doğarken
Sonnenbrille güneş gözlüğü
Sonnenuntergang, bei ~ güneş batarken
sonnig güneşli
sonst *(statt dessen)* başka; *(Gegensatz)* yoksa, değilse; ~ **noch** ayrıca
Sorge endişe, dert, sıkıntı
sorgen, ~**für** (b. ş. e) bakmak, temin etmek, halletmek; **s.** ~ **um** üzülmek, dert edinmek
Sorgfalt özen, itina
sorgfältig özenli, titiz
Sorte tür, çeşit; *(Zigaretten)* cins, marka
sparen tasarruf etmek, artırmak, biriktirmek
Spaß *(Scherz)* şaka; *(Vergnügen)* eğlence
spät geç
später daha sonra
spazierengehen dolaşmak, gezinmek, yürüyüş yapmak
Spaziergang gezinti, yürüyüş; **einen** ~ **machen** bir yürüyüş yapmak
Sperre *(Bahnhof)* parmaklık, baryer
Spesen gider, masraf
speziell hususi, özel
spielen oynamak
Spielzeug oyuncak
Spiritus *(Brenn~)* ispirto
spitz sivri
Spitze sivri uç, uç; *(Gebirge)* doruk, zirve; *(Gewebe)* dantela, tığ örgüsü
Sport spor
Sprache dil, lisan
sprechen konuşmak
springen atlamak, fırlamak
Spur iz
Staat devlet
Stadt şehir, kent
Stadtplan şehir haritası, kent planı
stammen soyundan olmak
Stange sırık, destek
stark kuvvetli, sağlam, güçlü; *(beleibt)* toplu; *(dick)* şişman
Stärke güç, kuvvet
starten hareket, havalanmak
statt yerine
stattfinden vukubulmak, meydana gelmek
Staub toz
stechen sokmak, delmek
Stecknadel topluiğne
Steg keçi yolu, patika; köprücük
stehen ayakta durmak, bulunmak
stehenbleiben *(anhalten)* durmak, kalmak
stehlen çalmak, hırsızlık etmek
steigen çıkmak, artmak
steil dik, yokuş
Stein taş
steinig taşlı
Stelle *(Ort)* yer; *(Arbeit)* işyeri, daire
stellen koymak, yerleştirmek
Stellung durum, iş; *(An~)* işe yerleşme
Stempel damga, mühür
sterben ölmek

Stern yıldız
stets daima, her zaman, hep
still sakin, sessiz
Stimme ses
stimmen akort etmek; duğru olmak
stinken kötü kokmak, pis kokmak
Stock(werk) kat
Stoff kumaş, konu
stören rahatsız etmek
Störung rahatsızlık, bozukluk; *(Unterbrechung)* kesinti, kopma
Stoß (1) *(Schubs)* itiş, vuruş
Stoß (2) *(Stapel)* yığın, istif
stoßen itmek, kakmak
Strafe ceza; *(Geld~)* para cezası
Strahl *(Licht~)* ışın; *(Wasser~)* fışkıran su
Strand plaj, sahil, kumsal
Straße sokak, cadde; *(Land~)* kara yolu, şose; **auf der** ~ caddede
Strauß *(Blumen)* demet, buket
Strecke yol, mesafe; *(Bahn~)* demiryolu, hat
Streichholz kibrit
Streichholzschachtel kibrit kutusu
Streit kavga, münakaşa
streiten kavga etmek
streng sert, haşin
Strom *(Fluß)* akıntı; *(el)* ceryan
Strömung akıntı, cereyan
Stück parça, kısım; **ein** ~ **Brot** bir parça ekmek
studieren öğrenim yapmak, tahsil yapmak
Stuhl iskemle, sandalya
Stunde saat; **eine halbe** ~ yarım saat; **eine Viertel**~ bir çeyrek, **alle zwei** ~**n** her iki saatte; *(Unterrichts~)* ders (saati)
Sturm fırtına, kasırga
Sturz düşme
stürzen *(fallen)* düşmek
suchen aramak
Süden güney
südlich güney(li); ~ **von** güneyinde
Summe tutar, toplam
Sumpf bataklık
süß tatlı
Swimmingpool yüzme havuzu
sympathisch sempatik

T

Tabak tütün
Tag gün; **alle** ~**e** her gün; **bei** ~ gündüzleyin
tanken benzin doldurmak, benzin koymak
Tante hala, teyze, yenge
Tanz dans
Tasche cep, torba; *(Hand~)* çanta
Tat eylem, iş; **in der** ~ gerçekten, sahiden
Tätigkeit etkinlik, çalışma
Tatsache olgu, gerçeklik
Taurus Toros
Taurusgebirge Toroslar
tauschen değişmek
täuschen, s. ~ aldanmak
Taxi taksi
Teil kısım, parça, bölüm
teilen taksim etmek, bölmek, ayırmak; **mit jdm** ~ biriyle paylaşmak, biriyle bölüşmek
teilnehmen (an) katılmak
telefonieren telefon etmek
Teller tabak
Termin tarih, saptanan gün; *(Frist)* mühlet, vade
teuer pahalı
tief derin; *(niedrig)* çukur, alçak
Tier hayvan
Tip tip
Tisch masa; **bei** ~ sofrada
Tochter kız çocuğu

Tod ölüm
Toilette tuvalet, helâ
Toilettenpapier tuvalet kağıdı
Ton ses; *(Betonung)* vurgu; *(Farbe)* nüans
Tonwaren kil eşya
Topf *(Koch~)* tencere
Tor *(Einfahrt)* büyük kapı, giriş kapısı
tot ölü
Tour tur, devir
Tourist/in turist
Tracht yerel, folklörük giysi
tragen taşımak; *(er~)* çekmek
Träger *(Gepäck~)* yük taşıyıcısı, hamal
transportieren nakletmek, sevk etmek, taşımak
Traum düş, rüya
träumen düş görmek, rüya görmek
traurig üzgün, kederli
treffen rasgelmek, karşılaşmak
trennen ayırmak
Treppe merdiven
treu sadık
trinkbar içilebilir
trinken içmek
trocken kuru
trocknen kurutmak
Tropfen damla
tropfen damlamak
trotz karşın, rağmen
trotzdem bununla beraber, buna karşın
trüb *(Flüssigkeit)* bulanık; *(Wetter)* puslu, kapalı
tschüß Allaha ısmarladık
Tube tüp
Tuch kumaş, örtü; *(Lappen)* bez; *(Kopf~)* başörtüsü
tüchtig becerikli, işbilir, yetenekli
tun yapmak, etmek
Tunnel tünel
Tür kapı
Türke Türk
Türkei Türkiye
Türkin Türk
türkisch Türkçe
Tüte *(kleine)* (kâğıt) külâh; *(größere)* kesekâğıdı, (kâğıt) torba
typisch tipik

U

übel fena, kötü; **mir ist** ~ fena oldum, fenalaştım
üben alıştırma yapmak, talim etmek
über üzerinde, ilerisinde
überall her yerde
überbringen getirmek, götürmek
überfallen baskına uğramak
überflüssig gereksiz, fazla
überfüllt tıka basa dolu, ağzına dek dolu
Übergang geçiş, geçme
übergeben sunmak, teslim etmek
überholen geride bırakmak, aşmak; *(mit dem Auto)* geçmek (arabayla)
übernachten gecelemek, konaklamak
übernehmen teslim almak, üstlenmek
überqueren karşıdan karşıya geçmek
überrascht şaşırmış, hayret içinde
überreden aklını çelmek, kandırmak
überschreiten geçmek, aşmak
Übersee deniz aşırı
übersetzen çevirmek, tercüme etmek
übertragbar geçirilebilir, çevrilebilir, aktarılabilir
übertrieben aşırı
überweisen havale etmek, yollamak
überzeugen ikna etmek, inandırmak
üblich alışılmış, geçer
übrig artan, öteki
übrigbleiben artmak, geriye kalmak

übrigens zaten, bir de
Übung talim, alıştırma
Ufer *(Fluß)* kıyı, yaka; *(Meer)* sahil, kıyı
Uhr saat
um *(herum)* çevresinde, etrafında; *(Zeitangabe)* (saat) -de, -da; *(gegen)* sıralarında, sularında
umarmen sarılmak, kucaklamak
umgekehrt ters; **in ~er Richtung** ters istikamette, ters yönde
umkehren dönmek
Umrechnung (b. birimden b. birime) dönüşüm hesabı, çevirme
umsehen, s. ~ etrafına/arkasına bakmak
umsonst *(gratis)* bedava, parasız; *(vergebens)* boşuna
Umstände durum, zahmet
umsteigen aktarma yapmak
umtauschen değiştirmek
Umweg sapa yol, uzatılmış yol
Umwelt çevre
umziehen *(Wohnung wechseln)* taşınmak; **s.** ~ üstünü değiştirmek
unangenehm hoş olmıyan, tatsız
unanständig terbiyesiz, uygunsuz
unbedingt *adv* mutlaka, her ne olursa olsun
unbekannt tanınmıyan, bilinmeyen
unbequem rahat olmıyan, rahatsız
unbeständig istikrarsız, kararsız
unbestimmt kati olmıyan, kesin değil
und ve; ~ **so weiter** vesaire, ve başkaları
undankbar iyilik bilmez, vefasız
unecht sahte, taklit, yapay
unentbehrlich elzem, zaruri
unentschlossen kararsız
unerfahren acemi, tecrübesiz
unerfreulich hoşa gitmeyen, hoş olmayan
unerträglich dayanılmaz, çekilmez
unerwartet ani, beklenmedik
unerwünscht istenilmeyen, arzulanmayan
unfähig yeteneksiz, beceriksiz
Unfall kaza
unfreundlich nezaketsiz, kaba
ungeeignet yersiz, uygunsuz
ungefähr aşağı yukarı, tahminen
ungemütlich rahatsız
ungenau gayrı hassas, tam değil
ungenügend yetersiz
ungerecht haksız
Ungerechtigkeit haksızlık
ungern gönülsüz, isteksiz
ungesund sağlıksız, hastalıklı
ungewiß bilinmiyen
ungewöhnlich olağanüstü
unglaublich akıl almaz, inanılmaz
Unglück şanssızlık, felâket
unglücklich talihsiz, mutsuz
unglücklicherweise ne yazık ki, aksi gibi, talihsizlik ya
ungültig geçersiz, geçmez
ungünstig müsait olmayan, zararlı
unhöflich kaba, saygısız
Unkosten masraflar, giderler
unmittelbar doğrudan, dolaysız, direkt
unmodern modası geçmiş, çağdışı
unmöglich olanaksız, imkânsız
unnötig gereksiz, lüzumsuz
unnütz yararsız, faydasız
Unordnung dağınıklık, düzensizlik
unpraktisch kullanışsız, beceriksiz
Unrecht *(Ungerechtigkeit)* haksızlık
unrecht haben haksız olmak
unregelmäßig düzensiz, devamsız
unruhig huzursuz, telâşlı
uns bizi, bize
unschuldig suçsuz
unser, unsere bizim
unsicher emniyetsiz, güvencesiz; *(un-*

gewiß) şüpheli, kesin değil
unten aşağıda; **dort** ~ aşağıdaki
unter altında; *(zwischen)* arasında; ~ **anderem** başkaları yanında, ayrıca
unterbrechen ara vermek, kesmek
Unterführung altgeçit, yeraltı geçidi
unterhalb aşağısında
unterhalten, s. ~ söyleşmek; *(s. vergnügen)* eğlenmek
unterhaltend eğlenceli, tatlı dilli
Unterhaltung *(Gespräch)* söyleşme; *(Vergnügen)* eğlence
Unterkunft konut, lojman
Unternehmen girişim, iş
unterrichten *(informieren)* haber vermek, bilgi vermek; *(Schule)* ders vermek
unterscheiden ayırmak, ayrım yapmak; **s.** ~ **von** farklı olmak, ayrılmak
Unterschied ayrılık, fark
unterschreiben imzalamak
Unterschrift imza
Unterstützung destek, yardım
untersuchen araştırmak, muayene etmek
unterwegs yolda
unverbindlich zorunlu olmıyan, öylesine
unvermeidlich kaçınılmaz
unverschämt sein terbiyesizlik etmek, utanmazlık etmek
unvollständig eksik
unvorsichtig dikkatsiz
unwahrscheinlich inanılmaz, olası değil
unwichtig önemsiz
unwohl keyifsiz, rahatsız
unzufrieden memnun değil, hoşnutsuz
Urlaub izin, tatil
Ursache neden, sebep
Urteil karar, yargı
urteilen yargılamak, hüküm vermek

V

Vater baba
Vaterland vatan, yurt
verabreden kararlaştırmak; **s.** ~ sözleşmek
Verabredung kararlaştırma, sözleşme, randevu
verabschieden, s. ~ vedalaşmak
verändern değiştirmek
Veränderung değişme, değişiklik
veranstalten organize etmek
Veranstaltung toplantı, düzenleme
verantwortlich mesul, sorumlu
Verband dargı; birlik
Verbandszeug sargı malzemesi
verbessern daha iyi yapmak; *(Fehler)* düzeltmek, onarmak
verbieten yasaklamak
verbinden *(tele)* bağlamak; *(med)* sarmak
Verbindung *(Zug)* bağ, ilişki; *(tele)* irtibat
Verbot yasak
verboten! yasak!
Verbrauch tüketim
verbrauchen tüketmek
verbrennen yakmak
verbringen *(Zeit)* geçirmek
Verdacht şüphe
verderben kokuşmak, çürümek; *(schlecht werden)* bozulmak
verdienen kazanmak; *(wert sein)* hak etmek
Verdienst (1) *m (Geld)* kâr, kazanç
Verdienst (2) *n* yararlık, sevap
verdorben kokuşmuş, çürümüş; *(faul)* bozuk; *(sittlich)* erdemsiz,

A/Z

ahlâksız
Verein dernek, cemiyet
vereinbaren birleştirmek
Verfassung anayasa; *(Zustand)* hal, durum
verfehlen kaçırmak; isabet ettirmemek
Vergangenheit geçmiş zaman
vergehen *(Zeit)* geçip gitmek, bitmek
vergessen unutmak
vergewaltigen can yakmak, ırza geçmek
Vergleich karşılaştırma
vergleichen karşılaştırmak
Vergnügen eğlence, neşe
Verhandlung görüşme; duruşma
verheimlichen gizlemek, saklamak
verheiratet (mit) ile evli
verhindern mani olmak, engellemek
Verhütungsmittel korunma maddeleri
verirren, s. ~ şaşırmak, yolunu kaybetmek
Verkauf satım, satış
verkaufen satmak
Verkehr trafik, ulaşım
verkehren *(Verkehrsmittel)* işlemek (taşıt)
Verkehrsbüro turizm bürosu
verlangen istemek; *(fordern)* talep etmek
verlängern uzatmak, temdit etmek
verlassen bırakmak, terk etmek
Verletzte, der, die ~ yaralı
verlieren kaybetmek, yitirmek
verloben, s. mit jdm ~ ile nişanlanmak
Verlobte, der, die ~ nişanlı
Verlust kayıp, zarar
vermeiden kaçınmak, çekinmek
vermieten kiralamak
Vermittler aracı
vermuten tahmin etmek, sanmak
Vermutung sanı, tahmin
vernachlässigen ihmal etmek
vernünftig akıllı, düşünceli
verpacken paketlemek, sarmak
Verpackung ambalaj, paket
Verpflegung bakım
verpflichtet sein zorunlu olmak, görevli olmak, yükümlü olmak
Verpflichtung yüküm, görev
verrechnen hesap etmek, hesaplaşmak; **s.** ~ yanlış hesaplamak
verreisen yolculuk yapmak, seyahat etmek
verrückt deli, çılgın
versäumen *(verpassen)* kaçırmak, yapamamak
verschaffen sağlamak
verschieben *(zeitlich)* ertelemek
verschieden ayrı, çeşitli
verschließen kilitlemek, kapamak
Verschluß kapak, kilit, sürgü
verschwinden ortadan kaybolmak, yok olmak
Versehen, aus~ yanlışlıkla
versenden yollamak, göndermek
versichern garanti etmek, sigorta etmek
Versicherung sigorta, güvence
versorgen mit sağlamak, temin etmek
verspäten, s. ~ gecikmek
Versprechen söz verme
versprechen söz vermek
Verstand anlak; *(Vernunft)* akıl, us
verständigen, jdn ~ haber vermek; **s.** ~ anlaşmak
verstecken saklamak
verstehen anlamak
verstopft tıkalı
Versuch deney
versuchen denemek; *(Speisen)* tadına bakmak

A/Z

vertauschen değiştirmek, birbiriyle karıştırmak
verteilen dağıtmak
Verteilung dağıtım
Vertrag sözleşme, kontrat
vertragen dayanmak; **s.** ~ anlaşmak
Vertrauen güven, itimat
vertrauen auf güvenmek, inanmak
vertrauensvoll güvençle, samimiyetle, güvenerek
verunglücken kazaya uğramak
verursachen sebep olmak, neden olmak
Verwaltung idare, yönetim
verwandt akraba, hısım
verwechseln karıştırmak
verwenden kullanmak
Verwendung kullanım, kullanış
verwirklichen gerçekleştirmek
Verzeichnis liste, rehber, dizin
verzeihen affetmek, bağışlamak
verzögern yavaşlatmak, güçleştirmek
verzollen gümrük ödemek
verzweifelt çaresiz, umarsız
viel çok
vielleicht belki, belli olmaz
vielmehr daha ziyade, tersine
viereckig dörtgen
Viertel, ein ~ bir çeyrek, dörtte bir
Villa köşk, villa
Vogel kuş
Volk halk
voll dolu; *(ganz)* bütün, tam
vollenden sona erdirmek, tamamlamak
vollkommen kusursuz, mükemmel, tamamen
Vollmacht vekâletname, tam selâhiyet
vollständig *adj* noksansız, eksiksiz, tastamam; *adv* tamamen, büsbütün
Volt volt
von -den, -dan; *(Passiv)* tarafından
vor *(räumlich)* önünde; *(zeitlich)* önce, evvel; ~ **allem** her şeyden önce
voraus, im ~ önceden, peşin
vorbei önünden geçerek, *(zeitl.)* geçmiş, bitmiş
vorbeigehen yanından geçip gitmek
vorbeikommen yanından geçip gitmek, uğramak
vorbereiten hazırlamak
vorbestellen önceden ısmarlamak
Vorfahrt öncelikli, geçiş
Vorfall olay, hadise
vorgehen *(Uhr)* ileri gitmek
Vorhang perde
vorher daha önce
vorläufig *adv* şimdilik
vorletzte(r, -s) sondan bir önceki
Vormittag öğleden önce
vorn ön tarafta, ilerde
vornehm kibar
Vorort, Vorstadt banliyö, dış semt
Vorrat yedek malzeme, stok
Vorschlag öneri, teklif
vorschlagen önermek, teklif etmek
Vorschrift yönetmelik, talimat
Vorsicht özen, itina; ~! dikkat!
vorsichtig dikkatli, özenli
vorstellen takdim etmek, öne koymak
Vorstellung takdim; *(Begriff)* tasarı, düşünce; *(Theater)* temsil, gösteri, izlence
Vorteil çıkar
vorteilhaft çıkarlı, kazançlı
vorüber önünden, geçti
vorübergehen geçip gitmek
vorübergehend *adv* geçici
Vorwand bahane, vesile
vorwärts ileri, haydi
vorzeigen göstermek, öne sürmek
vorziehen öne almak; ileri çekmek
Vorzug tercih, nitelik; *(Vorteil)* fayda, yarar

W

Waage terazi, kantar, tartı
wach uyanık
wachsen *(Pflanzen)* yetişmek; *(Menschen)* büyümek
wagen cesaret etmek
Wagen araba
Wahl seçim
wählen seçmek; *(Politik)* oy kullanmak, rey vermek; *(tele)* numarayı çevirmek
wahr gerçek, doğru
während *prp* sırasında, süresince; *conj* iken
Wahrheit gerçek, doğru
wahrscheinlich olası, muhtemelen
Wahrscheinlichkeit olasılık, ihtimal
Wand duvar
wandern yaya dolaşmak, yürüyüş yapmak
Ware mal
warm sıcak
Wärme sıcaklık
wärmen ısıtmak
warnen (vor) uyarmak, ihtar etmek, dikkatini çekmek
warten beklemek
was ne; ~ **für ein/eine ...** ? nasıl bir ... ? ne gibi bir ... ?
Wäsche *(Bett~)* yatak çarşafları; *(Unter~)* iç çamşırları; *(zum Waschen)* çamaşır
waschen yıkamak
Wasser su
Watt *(el)* vat
Wechsel *(Veränderung)* değişme, değişiklik; *(Austausch)* değiştirme
Wechselgeld bozuk para
wechseln *(Geld)* bozmak, değiştirmek
wecken uyandırmak
Wecker çalar saat
weder ... noch ne (o) ... ne (o)
Weg yol
weg gitmiş, kaybolmuş, yok
wegen dolayı, ötürü
weggehen ayrılıp gitmek, çekip gitmek
wegnehmen elinden almak, çekip almak
wegschicken yollamak, göndermek
weiblich dişi, kadın
weich yumuşak; *(Ton, Farbe)* ince, kibar
weigern, s. ~ karşı koymak, direnmek
weil çünkü, zira
Weinberg bağ
weinen ağlamak
Weise *(Art)* usul, biçim
weit *(Gegenteil von eng)* geniş; *(Weg)* uzun; *(entfernt)* uzak; **und so ~er** vesaire, ve başkaları
Welt dünya, evren
wenden döndürmek, çevirmek; **s. an jdn** ~ başvurmak
wenig az; **ein ~ (von)** biraz (ondan); **~er** daha az; **das ~ste** en azı
wenigstens hiç olmazsa
wenn *(Bedingung)* ise, eğer; *(zeitlich)* iken, olduğu zaman
werden olmak, meydana gelmek
werfen atmak, yavrulamak
werktags iş günleri
Wert değer
wert, viel ~ sein çok kıymetli/değerli olmak
wertlos değersiz, önemsiz
Wertsachen kıymetli eşya
Wespe yaban arısı
Westen batı
westlich batısal
Wettbewerb yarışma
Wette bahis
wetten bahse girmek

Wetter hava; **bei diesem** ~ bu havada
wichtig önemli
wie *(Frage)* nasıl; *(Vergleich)* gibi
wieder tekrar; *(noch einmal)* bir daha, yine
wiederbekommen tekrar almak
wiedergeben geri vermek, yansıtmak
wiederholen tekrarlamak, yinelemek
wiederkommen tekrar gelmek
wiedersehen tekrar görmek
wiegen tartmak
Wiese çimenlik, çayır
Wild av hayvanı
wild yabanıl, çılgın
willkommen sein hoş gelmek
windig rüzgarlı
Winkel *(Ecke)* köşe
winken el sallamak
wir biz
wirklich *adj* gerçek; *(echt)* hakiki; *adv* gerçekten
Wirklichkeit gerçeklik, hakikat
wirksam etkili, etken
Wirkung etki, sonuç
Wirt lokantacı
Wissen bilgi
wissen bilmek
Witz nükte, şaka, fıkra
Woche hafta; **in einer** ~ bir haftada, haftaya
wochentags iş günleri
wöchentlich *adj* haftalık; *adv* haftadan haftaya
wohl *(vermutlich)* iyi, hoş
Wohl iyilik, esenlik
Wohlbefinden esenlik, iyilik, sağlık
wohlhabend varlıklı
wohlwollend iyi yürekli, iyi niyetli
wohnen oturmak, ikamet etmek
Wohnort, ~sitz ikamet yeri, oturduğu yer
Wohnung konut, daire; **möblierte** ~ döşeli/möbleli daire
Wolkenkratzer gökdelen
wollen istemek; *(wünschen)* arzu etmek
Wort kelime, sözcük
wunderbar şahane, fevkalâde
wundern, s. ~ **(über)** şaşmak, hayret etmek
Wunsch dilek, arzu
wünschen dilemek, arzu etmek
Wurf atış, atma; *(bei Tieren)* yavrulama
Würfel küp; *(Spiel)* zar
Wurm kurtcuk, solucan
Wut hiddet, öfke
wütend hiddetli, kızgın, öfkeli; ~ **werden** hiddetlenmek, kızmak, öfkelenmek

Z

Zahl sayı, adet
zahlen ödemek, yatırmak
zählen saymak
zahlreich pek çok
Zahlung ödeme
Zange kerpeten
zanken, s. ~ çekişmek, kavga etmek
zart *(weich)* yumuşak; *(~fühlend)* hassas, ince duygulu
zärtlich şefkatli
Zeichen işaret, marka; *(An~)* belirti; *(Beweis)* delil, kanıt
zeichnen resim yapmak, çizmek
zeigen göstermek; *(hinweisen)* işaret etmek
Zeit zaman, süre; **zur** ~ şu sıra; **von** ~ **zu** ~ zaman zaman, arasıra, bazen
Zeitlang, eine ~ bir süre
Zeitung gazete
zentral merkezi
Zentrum merkez

zerbrechen kırmak, parçalamak
zerbrechlich kırılabilir
zerreißen yırtmak, parçalamak
zerstören yıkmak, bozmak
Zeuge şahit, tanık
Zeugnis tanıklık, şahitlik; *(Bescheinigung)* tasdikli vesika, belge
ziehen çekmek
Ziel amaç, hedef; *(Reise~)* varılacak yer, seyahat hedefi
ziemlich oldukça
Zigarette sigara
Zigarillo ince puro
Zigarre puro
zögern kararsız olmak, çekinmek
Zoll gümrük
zornig öfkeli, kızgın
zu (1) *(Richtung)* (b. yere) doğru, -e/-a
zu (2) *(geschlossen)* kapalı
zu (3) *(mit adj)* pek; ~ **sehr,** ~ **viel** pek çok, pek fazla
zubereiten hazırlamak, pişirmek
zudecken örtmek, kapamak
zuerst önce, ilk önce
Zufall rastlantı, tesadüf
zufällig *adv* rasgele, tesadüfen
zufrieden hoşnut, memnun
Zugang giriş
zugreifen *(bei Tisch)* yemek almak; *(Polizei)* basmak, ele geçirmek
zugunsten yararına, için
zuhören, jdm ~ bir kimseyi dinlemek
Zukunft gelecek
zukünftig gelecekteki
zulassen *(erlauben)* izin vermek
zulässig mubah, mümkün
zuletzt son olarak, en son
zumachen kapatmak, örtmek
zunächst önce, ilk önce
zunehmen *(dicker werden)* şişmanlamak, kilo almak; *(anwachsen)* artmak, büyümek, çoğalmak
zurück geri
zurückbringen geri getirmek
zurückfahren *(Verkehrsmittel)* geri gitmek
zurückgeben geri vermek
zurückkehren geri dönmek
zurücklassen geride bırakmak
zurückweisen geri çevirmek, reddetmek
zurückzahlen geri ödemek
zurückziehen, s. ~ geri çekilmek, kendini çekmek
zusagen *(Einladung)* söz vermek, kabul etmek
zusammen beraber, bir arada, birlikte
zusammenrechnen toplamak
Zusammenstoß çarpışma
zusätzlich ilâve, ek
zuschauen seyretmek, bakmak
Zuschauer seyirci
zuschließen kilitlemek, kapatmak
Zustand durum, hal
zuständig ilgili, ait, yetkili
zusteigen *(Verkehrsmittel)* yolda binmek
zustimmen razı olmak, onaylamak
zuverlässig güvenilir, emin
zuviel pek çok
Zwang zor, baskı
Zweck erek, amaç
zwecklos faydasız, manasız, amaçsız
zweckmäßig ereğe uygun, maksada uygun; *(nützlich)* faydalı, yararlı
Zweifel kuşku, şüphe; **ohne** ~ şüphesiz, kuşkusuz
zweifelhaft şüpheli; *(ungewiß)* kararsız, kuşkulu
zweifellos şüphesiz, kuşkusuz
zweifeln, an etw ~ şüphelenmek, kuşku duymak

zweite(r, -s) ikinci, bir diğeri; *(gebraucht)* kullanılmış
zweitens ikincisi, ikinci olarak
zwingen zorlamak
zwischen arasında
Zwischenfall olay

Stichwortregister

Eigenes Wörterbuch

Eigenes Wörterbuch

Eigenes Wörterbuch

Eigenes Wörterbuch

Eigenes Wörterbuch

Eigenes Wörterbuch

Eigenes Wörterbuch

Eigenes Wörterbuch

Eigenes Wörterbuch

Notizen

Notizen